Rıfat Ilgaz
Bütün Şiirleri

Çınar Yayınları
Bütün Şiirleri / Rıfat Ilgaz

ISBN 975 - 348 - 171 - 3

2. Basım İstanbul, Ağustos 2004

Editör Yardımcısı: Utku Erişik
Kapak Tasarım: Nilgün Ilgaz
Baskı: *Ali Rıza Baskan Güzel Sanatlar Matbaası A.Ş.*
Yenibosna, Değirmenbahçe Cad. No: 59
Bahçelievler - İstanbul
Tel: 0212 503 58 40

©Çınar Yayınları, 2002
Tüm yayın hakları saklıdır.

Çınar Yayınları
Rıfat Ilgaz Kültür Merkezi
Çatalçeşme Sok. 50/4
Cağaloğlu / İstanbul
Tel: 0 212 528 71 40-41-42
Fax: 0212 528 71 43
www.cinaryayincilik.com
www.rifatilgaz.info
www.rifatilgaz.org
www.hababamsinifi.org
cinar@cinaryayincilik.com

Rıfat Ilgaz
BÜTÜN ŞİİRLERİ
1927 - 1991

Yayına Hazırlayan
Aydın Ilgaz

RIFAT ILGAZ'IN ŞİİRİ

SERVER TANİLLİ

Bugün de, okurlardan çoğunun gözünde, Rıfat Ilgaz, büyük bir mizah ustasıdır ve başta da *Hababam Sınıfı*'nın yazarıdır.

Bu değerlendirmede, gerçeğin elbette büyük payı var: Rıfat Ilgaz, çağdaş Türk mizahının önde gelen birkaç yazarından biridir; *Hababam Sınıfı* da, onun o alandaki ustalığının simgesidir. 40'lı yılların ikinci yarısındaki ünlü 'Markopaşa serüveni'nde pişmiş ve olgunlaşmış kalem, 1959'da yayımladığı o eserle, aynı zamanda çağdaş mizahımızın bir şaheserini koyar ortaya. Rıfat Ilgaz, sözkonusu eserle, mizahın o büyük gücüne dayanarak, yani güldürerek, Türkiye'deki eğitim düzeninin bir eleştirisini yaparken, ülkemizde okul sıralarından geçmiş hemen hemen herkesin anılarına da tercüman olur. Bu eserin onca şöhret kazanmasının, tiyatroya ve sinemaya da aktarılmasının altında yatan da budur.

Ama bir yanlışı da düzeltmek gerek: Rıfat Ilgaz, mizah, roman ve öykülerinde başka çarpıcı örnekler de ortaya koyarken, 1969 yılından başlayarak, mizah dışı öykü ve romanlar da yazdı: Özellikle, içinden çıkıp geldiği Karadeniz bölgesinin insanlarının yaşamlarını –yeni ve gerçekçi bir dille– anlattığı *Karadeniz'in Kıyıcığında* (1969), *Halime Kaptan* (1972), *Karartma Geceleri* (1974), *Sarı Yazma* (1976), *Yıldız Karayel* (1981) hiç unutulmamalı.

Sonra yazarın, alanında birer belge niteliğini de taşıyan anılarını; ayrıca çocuk edebiyatına katkılarını da gözardı etmemeli.

Ne var ki, Rıfat Ilgaz'a bakarken, asıl düzeltilmesi gereken yanlış şudur: Yazarımız, -mizah içi ya da mizah dışı olsun- nesirdeki ustalığından önce, şair ve büyük bir şairdir. 1940'ların ikinci yarısında, olgunlaşmış, şiirinin çarpıcı örneklerini kitaplaştırmış bir şairken mizah yazarlığına yönelmesi, biraz da yaşam koşullarının zorlamasıyla olmuştur.

Nitekim, edebiyata da şiir kapısından girmiştir Rıfat Ilgaz.

1940'lı yıllara varıldığında, bir ateş çemberi ile çevrili ve sosyal sorunların burgacında kıvranan Türkiye'de, Cumhuriyet şiirinin üç büyük odak noktasından biri olan 'millîci şairler', kuru bir yurt güzellemesinin sığlığı içindedirler; ikinci odakta Yahya Kemal, 'Hülya tepeler, hayal ağaçlar'la oyalanmaktadır. Üçüncü odağın başındaki Nâzım Hikmet, büyük bir çığır açmıştır ve düzeni sorgulamaktadır. Ne var ki, tehlikeli bir iştir yaptığı ve o yüzden toplumla ilişkisi koparılmıştır, hapishanededir.

İşte bu ortamda, genç şairlerin bir bölümü, 'Garip çizgisi'nde, şairanelikten uzak, 'küçük adam'ın sorunlarına eğilirken; '1940 Kuşağı' adını alacak bir başka bölümü, Nâzım Hikmet'in açtığı yoldan ilerleyerek bir başka şiir dünyası yaratırlar: Sosyal yanı ağır basan 'toplumcu gerçekçi' bir şiir anlayışıdır bu. A.Kadir, Niyazi Akıncıoğlu, Ömer Faruk Toprak, Suat Taşer, Cahit Irgat, Mehmet Kemal, Arif Damar gibi şairlerin oluşturduğu topluluğun en önemli adlarından biri de Rıfat Ilgaz'dır.

Nedir özellikleri Rıfat Ilgaz'ın kurduğu şiir dünyasının?

1940 öncesinde, bireysel duyarlıklara, üstelik heceli-uyaklı biçimlerle bağlı şair, 40'lı yıllarda, çevresindeki dünyayla, bütün çelişmeleri içinde yüzyüze gelir. Savaş yıllarının daha da ağırlaştırdığı koşullarda, işçisi, köylüsü, dar gelirlisi ve yoksuluyla çileli bir yaşamı bölüşen insanlardır gördüğü sanatçımızın; o yaşamın içinde, onun daha da yakından tanıdığı okul, hastahane, sanatoryum ve cezaevi çevresidir. Şair de, ister istemez, soyut insandan acı çeken, ezilen somut insana çevirecektir bakışlarını. Bu, temalarını belirlerken, şiirinin biçimini de değiştirir.

Dil, gitgide yalınlaşır, açık ve akıcı bir nitelik kazanır. Tanıdığı çevrelerin insanlarını, onların duyguları, özlemleri ve çelişkilerini, yine onların diliyle yansıtır şiire; yerine göre halk deyimlerinden de yararlanır şair.

Toplumsal çelişkilerin –üstelik- ayyûka çıktığı bir ortamda, şairin, sosyal acılara sözcülük ederken, yergici olmamasına imkân var mı? Ne var ki, yapıcı bir yergidir bu ve bir yerde daha güzel bir dünyaya olan umuttan da kopuk değildir. Öyle bir dünya için kavgaya ve direnişe açıkça çağrıda bulunduğu da olur şairin; ama bunu yaparken, hiçbir zaman sloganlaşmaz dili ve sanatın gereklerine ters düşmez. Bizzat kendisi ağır politik baskılar altındayken bile, ayakta kalmayı sürdüren, acılı ama yaşama direncini yitirmeyen ve kavgayı elden bırakmayan bir sestir onunki.

Çağdaş şiirimizin de en onurlu seslerinden biri...
Şu seslenişten etkilenmez olabilir misiniz?

"Kaldır başını kan uykulardan
Böyle yürek böyle atardamar
Atmaz olsun
Ses ol ışık ol yumruk ol
Karayeller başına indirmeden çatını
Sel suları bastığın toprağı dönüm dönüm
Alıp götürmeden büyük denizlere
Çabuk ol"

Ünlü şiirlerinden birinde, *'Parmaklığın Ötesinden'*de, şair, *"İnsanları alabildiğine sevmeyi bırakmazlar yanına"* diye başlar. Gerçekten de öyle oldu; sanatçımız, *"suçun kendisinde olmadığını"* bilse de, özgürlüğe düşman güçler onun da ömrünün beş buçuk yıldan fazlasını, demir parmaklıkların arkasındaki karanlıkta çaldılar.

İşte *Yarenlik*'le (1943) başlayan, sonra *Sınıf* (1944), *Devam* (1953) ve arkasından gelen kitaplarında süren; her menzilde kendini aşan; toplumun olduğu kadar sanatın da nabzını tutup özde ve biçimde en yeni açılımlara kadar izleyerek özümseyen bir şiir serüveninin bilançosu!

Çekinmeden söylemeli de: Nâzım Hikmet'in arkasından, Türkiye'de 'İnsan Manzaraları'nı Rıfat Ilgaz'dan daha hünerli sürdüren ve zenginleştiren bir başka şair çıkmadı, diyebiliriz.

Çınar Yayınları, Rıfat Ilgaz'ın şiir kitaplarını, daha önce tek tek yeniden basıp okurların önüne koymuştu. Şimdi, onları bütün olarak bir kitapta topluyor yayınevi. Büyük bir hizmettir yaptığı. Akan zamanın edebiyattaki yasasıdır: En başta şiiri eskitir. Bu satırları yazmadan önce, şairimizi yeniden okudum. Eskimeyen bir şey var Rıfat Ilgaz'da. Gerçekliğin sürgit haklı çıkarmasında mı aramalı onu; yoksa şairin duyarlığında ve 'yürek işçiliği' dediği sanatsal gücünde mi?

İkisinde birden, diyeceğim.

Güzel okumalar dileyerek...

Strasbourg
1 Ocak 2003

KİTAPLARDAN ÖNCESİ
(1927 – 1940)

Bedbaht bir aşığın defterinden

SEVGİLİMİN MEZARINDA

Issız yollar içinde düşünceyle gezerken,
İçimdeki sızıyı bu yolla da sezerken,
Dimağımı mazinin hâtırasında ezerken,
O harap mezarınla yine mi karşılaştım!..
Üstündeki topraklar yoğrulmuş, külçeleşmiş,
Zamanın pençeleri yer yer çukurlar eşmiş,
Yoksa beni arayan nazarların mı deşmiş?
Yine sükût bulmayan denizler gibi taştım.
Mezarını kaplayan bu çiçekler ne solgun!..
Üstündeki benekler gözlerinden de dolgun.
Yaşadığın son günler hayatım kadar olgun,
Bu coşkun yaşayışa sen öleli alıştım.

Her gece uğraştığım hayal senindir ey kız!
Kalbimde parlamadı başka aşk, başka yıldız.
Söyle mezarcığın da kalbim kadar mı ıssız?
Ölüm kadar mı basit!.. Mâbed kadar mı sessiz!..

(6 Temmuz 1927)

RÜZGÂR

Alnına satır satır seneler dizilince,
Bulutlar enginlerin hududunu aşacak.
Nedamet süzülecek gözlerinden bir gece,
Başında ümitsizlik rüzgârla dolaşacak.

Döneceksin, çehrende kararan bir üzüntü,
Günlerin derinleşen acısı içerinde.
Saçlarında yılların kederinden bir örtü,
Döneceksin, nedamet yanarken gözlerinde.

Anladım, dinmeyecek artık bu deli rüzgâr,
Sen bu akış önünde yanacak söneceksin.
Ümitsizlik, üzüntü ve sonra hatıralar,
Yollarında eserken bir sabah döneceksin.

(Çığır, 1937)

MANASINI KAYBEDEN SIR

Bir korkudur bakışlarımda eksilen zaman,
Gün bitmeden bu ukte çözülsün inzivamda.
Hırçın temaslardır, aynalarda halkalanan,
Raksetmede iç içe günlerce hafızamda.

Munis tedailer ki renklerle fısıldaşır,
En müphem hatıram yanar alnımda kederle.
Hâlâ başımda manasını kaybetmeyen sır,
Dökmekte ıtrını rüyama yaseminlerle.

Bir şarkı halinde sükûnu bekleyen kıyı,
Versin nasibini akşamlar içinde ruha.
Yok bir şikâyetim, fakat ne renk ne rayiha
Dindirmiyor bu düğümden gelen sıkıntıyı.

(Çığır, 1938)

ZAMANIN UNUTTUKLARI

Başıboş dalgaların kumlar üzerinde
İlk ışıklarla yaydığı çakıl taşları.
Gümüş dallarını ümitsiz günlerinde,
Havuzlarda unutan zeytin ağaçları.

Tek başına mavi ufukların bir ucunda,
Gecelerin düşürdüğü sabah yıldızı.
Kokular, bahardan alçalan sızı.
Unutulan renkler ki hazan bulutunda.

Keder, alnımızda günlerden inen buğu.
Nedamet, akşamların bıraktığı rüzgâr.
Hafızamda geçen zamanın unuttuğu,
Mesut saatlerden unutulmuş hatıralar.

(Çığır, 1938)

MEVSİMLERLE BERABER

Açılır kuş sesleriyle uykular,
Gelir son müjde beklenen sabahtan.
İlk uyanışımdan izler taşıyan
Ve rüyamı hatırlatan kokular.

Göklerde ışık ve şarkıdan kuşlar,
Gezdirir kanatlarında meltemi.
Hülyama karışan hududa kadar
Götürür bakışlarında neşemi.

Ümitler fecrinden avare ömrün
Bir havadır ki yükselir fezama.
Henüz tatmadığım arzularla, gün
Dal uçlarından alçalır dünyama.

Silinir altın ışıklarla boşluk,
Dağılır üzüntü yorgun başımdan.
Açar fidanda ansızın tomurcuk...
Sen misin, mevsim mi gülen saksımdan?

(Çığır, 1938)

AKIŞ

Zaman bir çığlıktır ki, dalların uçlarından
Bir boşluğa karışır kurumuş yapraklarla
Bir gün bulutlar gibi ufkun bir kenarından
Ben de çözülür müyüm bir serseri rüzgârla?

Birleşince ansızın yolumuz bir sınırda
Beni katar mı dersin önüne deli rüzgâr?
Sonra maviliklerde izimi bırakır da
Bir lahza dinlenir mi bu çılgınca akışlar?

Sıyrılıp ufukların daralan çemberinden
Ben de dolaşır mıyım, aynasında suların?
Geçer miyim bu ömrün aşılmaz çöllerinden
Rüyası olur muyum asırlık uykuların?

Anladım ne zamandır bu dinmeyen fırtına,
Beni de gezdirecek bulutlarla önünde.
Atılmış bulacağım ıssız bir dağ ardına
Kendimi, bu akışın en çılgın bir gününde.

IŞIKLAR

Işıklarla değişen bir gölgedir düşüncem
Nabzımda her saniye ayrı bir his atmada.
Günlerim bir vehimdir, bir ihtiras her gecem,
Yoksa gün içimde mi artık doğup batmada?

Renklerin oyunudur harelenen, içimde
Ne farkı var başımın gün gören bir menşurdan?
Süzülür hülyalarım ayrı ayrı biçimde
En tatlı rüyalarım dökülür o billûrdan.

İçimde benliğimden başka bir akış var ki
Zaman bile bu hıza nedense dar geliyor.
Gittikçe derinleşen bu çılgın ışıklar ki
Gün görmeyen ömrümün ufkuna yükseliyor.

HÜLYALARIM

Kan ağlıyor güneşin battığı yerde zaman
Işıklar gözlerimin önünde boğuluyor
Akşamla şu dağların arkasına uzanan
Solgun hülyalarımın üstüne gün doğuyor.

BİR MEVSİM BAŞLARKEN

Yeşil bir gölge gibi alçalırken ufuklar
Rüyalar seriliyor kuş uçmaz yamaçlara
Dalları bulutlara karışan ağaçlara
Bir mevsimi diziyor kıpkızıl tomurcuklar.

Görüyorum dalların arasından baharı
Şimdi karşımda coşkun renklerin izleri var
Işıkların kaynaşan durgun denizleri var
Ve başımda mevsimin tutuşan bulutları...

Işıklar bir akıştır dökülür üzerimden
Coşkun çağlayanlarla köpürür derinlerde
Hülyalarım kuşlarla dolaşır enginlerde
Mevsim yağmur halinde boşanır gözlerimden.

Yıllar düğümlenirken şu canlanan dallarda
Görürüm sevincimin ışığa kandığını
Duyarım halka halka genişleyen baharda
Yeşil kıvılcımlarla arzumun yandığını.

ADIMLARIM

Mesafeler çekiyor beni her gün kendine
Uzaklarda yolumu bilmem bekleyen mi var?
Beni de sürüklüyor şimdi derinliğine
Yollar, rüyalarımda ucu kaybolan yollar.

Üstüme bulutların alçalsa da gururu
Yürüyorum önümde karanlıklar, uçurum...
İçim yorgun gecenin gözleri kadar duru
Bu gözler varlığıma gömülü, yürüyorum.

Bilmem hangi iklimde çiçeklendi baharım
Yollarım o mevsimin geçer mi güneşinden?
İşte sürüklemekte yokluğa adımlarım
Beni bir gölge gibi gidenlerin peşinden.

ERİYİŞ

Gölgemi kucağında eriten geceleri
Doldururum önümde açılan boşluklara.
Sabahsız bir akşamın başlar işkenceleri.

İçimi karanlığın çarklarına takarım
Geniş maviliklere gölgelere akarım
Ömrümün şeridini sererim ufuklara.

Gözlerim kapanırken bir dönüm noktasında
Alnımı dayarım da buz kesilen mermere
Tek başıma kalırım rüyamın ortasında.

Silinen şekillerin akşam son nefesidir,
Geceler gölgemizin yaldızlı kadehlere
Damla damla dökülüp sonra erimesidir.

GÖZLERİNDE AKİSLER

İçimde bir nağme var ufukların sesinden...
Sıyrılsam vücudumun bir gün çerçevesinden
Damla damla karışsam çamların kokusuna.

Yorgun kartallar gibi bir sabah dönsem geri
Martılara bıraksam lacivert enginleri
Sonra dalsam dizinde bir bahar uykusuna.

İklimleri çevirse genişleyen hududum
İçsem bakışlarından geceyi yudum yudum
Damla damla erisem o ılık gözlerinde.

Gel, şimdi önümüzde alevlensin ufuklar
Derin bakışlarına dizilsin sonsuzluklar
Kendimi seyredeyim karanlık gözlerinde.

DAĞLARDAN

Güneş bile çıkamaz burda dik yamaçlara
Rüzgâr takılır kalır asırlık ağaçlara
Burda kartallar bile parçalar kanadını.

Kim baktı şu dağlara gözleri kararmadan
Şu sırtlara kim sürdü, titremeden atını
Yol alanlar döndüler bir menzile varmadan.

Uzun bir yalnızlıktır dolaşan dağdan dağa
Burda zaman kök salar fidan gibi toprağa
Asırlar dallanır da boşlukta halkalanır.

Burda sükût uzanır bir uğultu halinde
Yamaçlardan damlayan suların hayalinde
Dağların, denizlere hasreti dalgalanır.

KAPILAR

Menzilinde çözülmeden hasret
Son durakta belirdi intizar,
Karardı mesafeler nihayet.
Kapılar, kapılar!

Söndü arkamda dağların sesi,
Yandı karşımda özlenen diyar...
Yıkılsa sükûtun abidesi...
Kapılar, kapılar!

Hülyamın alçaldığı beldeye
Kervanımı geçirmiyor duvar.
Ömür yeter mi beklemeye?
Kapılar, kapılar!

Yollarıma indi gecenin sükûtu
İsteklerime hız veren rüzgâr...
Gün kararmadan geçsem hududu.
Kapılar, kapılar!

DÜŞÜNMEK

Uzak ve meçhul iklimlerin,
Henüz tatmadığım sihirli meyvasında
İmkânsız saadetlerin meyvasını düşünmek...
Sakin ve mesut bir gecenin ortasında
Olgun hazların muhayyel cennetini düşünmek...
Ilık temaslarla sıyrıldığını uykuların,
Düşünmek hayatın dallarda başlangıcını.
Hülyama kök salan zeytin ağacını,
İlk uykuma örtülen akasyaları,
Altında, unuttuğum rüyaları düşünmek...

Düşünmek, çölü devreden çıngıraklardan
Tevekkülün uzun akislerle güldüğünü.
Cenup akşamlarındaki içli melalin
Çatlak ve sabırlı dudaklardan
Yorgun bir şarkı halinde döküldüğünü.
Davetli bakışların ihtirasını,
Kendi hududumuzda başkasını düşünmek...

İçimden her geçeni anlatan dudakları,
Günahlarıma örttüğüm ırmakları,
Yelkenimi gözleyen kıyıları,
Uzakları, uzakları, uzakları düşünmek...

Düşünmek, ne olduğunu giden günlerin,
Tasımızın damla damla dolduğunu...
Ve benzimizin bir gün gelip solduğunu,
Döküldüğümüz okyanusları düşünmek.
Yılların verdiği susuzluğu ruhumuza,
Yatışmayan ihtirası düşünmek bir lahza.

Dar çemberinde yok olduğumuz anları,
Bir anda yarattığımız uzun zamanları
Yaşanılmamış beyaz saatleri düşünmek...

(Oluş, 1939)

MEVSİM SONU

Kayboldu rüyamızın dışarda benzeri,
Kalmadı hatırası sularda dalların.
Geçitler kapandı, bulutlar darmadağın,
Vermeden meyva, karardı nar çiçekleri.

Söndü mü, akisleri yüzlerde sevincin?
Yok, eski cıvıltılar aşina seslerde.
Nerde, cömert elimle beslenen güvercin?
Bir bekleyişten ürperen boş kafeslerde.

Bir müjde getirmez oldu uzaktan artık
Alnımda harelenen büyülü ışıklar.
Uçurdu leyleklerini asırlık çınar,
Üç mevsimin yıkandığı göller bulanık.

(Oluş, 1939)

ÖĞLEÜSTÜ

Ağırlığını yağmur bulutlarının
Suyun serinliğinde dağıtsam,
Düşüncemi dostların güler yüzünde.

Niçin uzak geçiyor kuşlar?
Beklediğim meltemi götürüyorlar,
Kanatlarında, denizaşırı.

Niçin alnımda açılmıyor,
Yelpazesi kanatlarının?
Ah, dikili bir ağaç gibi kaldım
Gün ortasında.

Ağaçlar kendi gölgesinde
Uykuyla geçirir günlerini.
Gene bırakmıyor peşimi yorgunluk.

Onu başımda gezdiriyorum,
Yüzümde, yüzümün çizgilerinde
Bu böyle sürüp gidecek
Dinleneceğim güne kadar.
Sonunda geceyi rahat geçireceğim.

(Servetifünun-Uyanış, 1940)

AÇLIK

Doymuyor gözüm bu renk bolluğunda,
Hâlâ iç yüzünü seyretmek istiyorum
Şafaklara açılmış camların.
Definelerim gizli kaldı
Alacakaranlığında uykunun.
Kilitli bütün sevgilerim
Manası çözülmeyen tebessümüne,
Dudakların ki akşamların arkasındadır.

Kimse bahsetmiyor kendisinden
Avuçlarımın anladığından fazla.
Beklediğim mevsim ki kozasındadır.
Herkes kendi asmasının altında
Ve çok uzaktadır uzandığım dallar.

(Servetifünun-Uyanış, 1940)

O BAHÇELER Kİ

Islak camlarına örtülen bulutların,
Uzak düşüncelerle unut serinliğini.
Düşün, tek başına gezindiğin bahçeden,
Kuşlarını ürküttüğün dalların,
Çit üstüne sarkarak seni beklediğini.

O bahçeler ki, mermer havuzlarında,
Artık ne ses, ne gölge taşımaktadır.
Bütün güzel şeyler ve sevdiklerin,
Kokular, çiçekler kadar uzaktadır.

O bahçeler ki cenup kuşlarına,
Dağıtırdı taze yemişlerini.
Hatırla şimdi ocak başında
Onların ansızın gidişlerini.

Bu ümitsiz kış akşamlarında,
Ilık sabahların tahayyülüyle susmaktasın.
Vaktiyle hülyanı dizdiğin dalların
Alevlerinde ısın!

(Çığır, 1940)

SON

I

Bıraktılar yastığımın altına
Son davetiyemi.
Pek vakitsiz oldu, farkındayım.
Henüz kopardığım yemişlerin
Pişmemiş kızıllığı ağzımda
Ve dilimde burukluğu.

Bu, ışık bayramının son günüdür.
Henüz yükselmeden bir zafer çığlığı
Aydınlığın ötesinde, gitmeliyim;
Her zamanki gibi bir başıma.

Ne yolum belli, ne rehber isterim,
Hangi dalda toplanacaktır bilinmez
Arılar, kovanı terkeden arılar.
Hangi dalda salkım salkım.

II

Karardı mavi bir atlas üstüne
Parmağımla çizdiğim manzara.
Soldu, karanlığın süzüldüğü yaprak.
Hüzünlü oldu arıların
Saksısını son ziyaret.

Ne havaya minnetim kaldı ne suya
Lezzeti unutulmuş aydınlığa
Çektim perdeleri.

(Servetifünun-Uyanış, 1940)

KASABAMIZ

Martıların düşürdüğü tohumdan
Filizlendiğine inandığım kasabamız
Yosun kokardı evleri
Çarşıları midye kokardı
Çekirdeği çölden gelen mescitin
Boy attığına şaşardım
Bu deniz yüklü havada
Nedense gelişemedi bir türlü
En şirin yerine dikilen
İrili ufaklı mezar taşları

Belki de ölüler böyle istiyor.

(1940)

Yarenlik
(1943)

BU SAATTE

Pencereler bizimdir bu saatte,
uykumuzu işçilere bıraktık
uyandırmayın erken kalkacakları.
Sahibiyiz bu saatte denizin,
gökyüzünü genişletmek elimizde
çıkmaz yıldızlar sözümüzden.
Herkes yatağından memnun bu saatte,
her zamanki ziyaretinde ölüler
-düşünmüyoruz onları şimdilik-.
Başka şeyler düşünülür bu saatte,
daha açık bahsedilir yaşamaktan.

AYNA KARŞISINDA

Yabancı değiliz şüphesiz
kadehlerin müjdelediği serinliğe,
bu akşam da içelim kendimiz için.
Böyle bitmesini istemezdik günün
bir beklediğimiz vardı aydınlıktan.
Gün sonudur yabancı kalmayalım
huylarını değiştiren eşyaya.
Gel, değmeden birbirine ellerimiz,
sen günlük işlerinden konuş,
ben sana masallar anlatayım
gelecek günlere dair,
Sonunda anlaşırız dostum,
gecemiz beraber geçecek nasıl olsa
hele gün silinedursun yüzünden!

ŞEHİR KENARINDAN

Kimlerin işi arkasındasın
kimden gelir ekmek paran?
Bekler akşam olunca
odanda acıkmış mangalın.
Kalsın keten mendilinde
yorgunluğu günlerin.
Mangal başında düşünülür
külrengi gemilerin
gözünden kaçırılmış yolculuk
Mısır'a,
mevsimlerin ölmediği memlekete.
Erir sac mangalında
uzun ve soğuk geceler;
ne kapında beklediğin görünür
ne pencerende istediğin aydınlık...
Yalnız açtığın kahve falında
bir misafir görünür uzaktan,
gelir ağzında mektupla kuşlar.

YARENLİK

Günümüzü gün etmek için
şöyle bir demlenelim deriz,
dert olur bize,
meyhanecinin kazanç vergisi
ve Garson Nuri'nin
Nüfustaki işi...
Tatlı tarafından açmak isteriz
Söz döner, dolaşır
işten el çektirilmesine dayanır
dokuz nüfuslu Gümrükçü'nün.
İkinci şişede,
kızını başgöz etmek için
hayırlı kısmetler araştırır,
Heybeli'de yatan oğluna,
çıkar çıkmaz iş buluruz
bir dikimevinde.
En küçük kızını
bizim kahvenin gediklisi
bir arkadaş tavsiyesiyle yazdırırız
yatılıya.

-Hep tanırız Maarif'teki
Mürteza Efendi'yi...
Her Kalem dönüşü,
orta şekerli kahve içer
bir de sermayesine nargile-.
Şişeler, irili ufaklı şişeler,
saf saf dizildikçe karşımıza,
sen, boşta gezen Ali Bey'e
İnhisar'da iş bulursun,
yahut Şeker Fabrikası'nda.
Bense kızının yaşını düzeltir
çıkarmadan kâğıtlarını askıya
bir gün içinde kıydırırım nikâhını
Belediye tahsildarı Ahmet'le...
-Temiz çocuktur doğrusu-.
Bir miras işinden sonra
Evkaf'tan ayrılan Niyazi'ye
bir matbaa açtırır,
başlarız gazete çıkarmaya...
Kalemi kuvvetlidir Niyazi'nin
başmakale yazabilir,
sen gönül işleriyle uğraşır,
bense sütun sahibi olurum,
dünyanın gidişine bakmadan
havadan sudan konuşmak için!
Her ay mektebin yolunu
nedense değiştiren Reşat'ın,
1932'den kalma mesken bedelini,
hemen bir istida ile
Bolu'dan aldırıverirsin.
Girmişken işler yoluna
bırakmaya gelmez arkasını.
Hele sen garsona seslen
bir şişe daha getirsin,
sonra kapatsın şu radyoyu
sırası mı şimdi ajansın!

MERHAMET

İşte gittiğimiz günler
alacakaranlıkta,
kimseyi rahat yatağında uyandırmadık.
Bizi uyutmadıkları çok oldu
çaylarında, nişanlarında,
zorla caz dinledik,
kızmadık, mezhebi geniş insanlarız,
yine vaktinde bulunduk iş başında.
Yorgun döndüğümüz akşamlar
arabasında yer gösteren oldu,
utandık türkülerini söylemekten.
Nafakamızı sattılar önümüzde,
sakladılar yağımızı, peynirimizi,
rızkımızdan para kazandılar
hoşgördük.
Gün oldu
nar gibi kızarmış ekmekleri bekleyen
tezgâhtarı bile kıskanmadık.
Nar mı yetiştirmedik kavak ağaçlarında
-hem de kafamız kadar-.
Bir koyundan üç deri çıkardık,
minnete geçmedi.
Acıyan bulunmadı değil halimize
gazetelerde kaldı merhametleri,
kitaplara geçti;
bizim merhametimiz lâfta kalmayacak!

İŞTE BÖYLE AZİZİM

Seninle sanatoryumda tanışmıştık,
-o günler bir türlü unutulmuyor-
ne tatlı sigara içerdik biliyor musun
hemşirelerden saklı?
Sonra, bir yolculuktan bahseder gibi
uzun uzun ölümden konuşurduk.
Gelmediği için ödeneğin o günlerde
az kaldı taburcu edeceklerdi seni;
sonunda para bulmuştun yatmaya
lâkin zaman bulamadın.
-Bir gün çıkarsın diye adresini de almıştım-.
Hani vaktinde gitmedin değil,
kötüleşti dünyanın hali,
en güzeli işin
peşinde çoluk çocuk bırakmadın.
Kış geliyor, karakış
ne soba var, ne bir dirhem odun
işleri sorarsan eskisinden sıkı
ve aldığımız para malûm!
Yaşamak zor azizim,
sağ olsaydın eğer
nasıl bulacaktın her gün,
sütü, taze yumurtayı, pirzolayı?
Çok şükür bunlara kalmadı ihtiyacın,
Biz hâlâ öğrenemedik
senin kadar olsun,
etsiz ekmeksiz,
parasız pulsuz yaşamayı!

SON SİGARA

Çöpçü Ahmet'e

Yekpare camların arkasında
soğuğa yağmura karşı gülen
kalın paltolu mankenler...
Birbirinizi süzer tepeden tırnağa
karşılıklı gülümsersiniz!
Teki aylık kazancını geçen
bir çift ayakkabı karşısında,
kötü şeyler düşünmezsin,
biçimine hayranlıktır duyduğun,
unutursun su içinde yüzen ayaklarını.

Böyle gitmez ya bu işler,
gün gelir bir baltaya sap olursun.
Kapısının önünde süpürge salladığın
o kara gözlüyü istersin anasından.
Şimdiden güveylik gömleğin seçilmeli,
bir de kırmızı boyunbağı ister
Belediye'ye gittiğiniz gün.
Geçmeyesin, o tatlı günlere dalıp da
bir düğün sofrası kadar yüklü
aşçı camekânlarını.
Kim ne derse desin,
bir tavuk kızartması karşısında yakılır,
son sigara.

ALİŞİM

Kasnağından fırlayan kayışa
kaptırdın mı kolunu Alişim!
Daha dün öğle paydosundan önce
Zileli'nin gitti ayakları.
Yazıldı onun da raporu:
"İhmalden!"
Gidenler gitti Alişim,
boş kaldı ceketin sağ kolu...
Hadi köyüne döndün diyelim,
tek elle sabanı kavrasan bile
sarı öküz gün görmüştür,
anlar işin iç yüzünü!
Üzülme Alişim, sabana geçmezse hükmün
Ağanın davarlarına geçer...
Kim görecek kepenek altında eksiğini
kapılanırsın boğazı tokluğuna.
Varsın duvarda asılı kalsın bağlaman
beklesin mızrabını.
Sağ yanın yastık ister Alişim,
sol yanın sevdiğini.
Ama kızlar da, emektar sazın gibi,
çifte kol ister saracak!

CENAZE

Omuzlanınca tabutun
ilk defa kurtuldu ayakların topraktan;
pek muhteşem oldu medreseden çıkışın.
Bir dilim ekmeği çok görenler
yüzüne bakmayanlar sağlığında
dikildiler yol üstüne
bir selâmla ödediler bütün borçlarını...
Üzülme, gelmiyor diye çelenkler peşinden,
mevsimsiz oldu ölümün...
Ne olurdu bir kış daha bekleseydin,
bahar gelir çiçekler açardı...
Ölümün kimseyi sevindirmedi,
atsız arabasız kalktı cenazen.
Zaten alçakgönüllü bir adamdın,
herkesten uzak yaşadın
cami avlusunda.
Ölümün de gürültüsüz olsun!

EDİRNEKAPI TRAMVAYINDA

I

Süvariydi Kırklareli'nde
Atikali'de atlayan delikanlı;
Çatalhan'da terlikçiydi önceden
darıltınca ustasını
ocakçılık etti,
Beşiktaş'ta, bir sabahçı kahvesinde.
-Çok çayını içtik Necmi'nin-.
Boşta gezse de şimdilik,
Beykoz Fabrikası'na girecekmiş
bir yolunu bulursa.

II

Günler kısa, hava yağmurlu,
yoksa bırakılmaz tütüncüye
bu saatte boya sandığı.
Eli çabuktur Kulaksız'ın
tanışırlar bizim pabuçlarla Küllük'ten.
elinde ablasının kuvvet şurubu
ve dört nüfusun haftalık nafakası
yarım kilo zeytin.
Koltuğunun altında
bir türlü dolmayan kömür torbası.

III

Yürümesini de bilir
biletçiyi atlatmasını da,
biraz öksürdüğü için
aldı herkes gibi biletini
-soğuk algınlığıdır, geçer.-
Bu akşam da çıkmayacak gazeteye;
çıksa da ne kazanacak ki
ne Okmeydanı'nda cinayet,
ne soyulan var yangın yerinde,
ne de Sultanahmet'te asılan;
olsa da meraklısı kalmadı havadisin.

IV

Keyfi yerinde bu akşam...
Şehir uydurması bir türkü mırıldanıyor,
sahanlıkta kulağıma;
mektup almış olmalı köyünden.
Muhtarla iyi geçinseydi
ağız kokusu mu dinlerdi el kapısında.

V

Son durakta inecektir
tramvay biletçisi Rıza;
rahat bir uyku düşünmekte şimdiden.
Kolay değil, Sur dışından,
altı otuz bire yetişmek
Aksaray deposuna.

BABAM

Küçük işler peşinde harcadın
altmış üç yılını;
mum sattın, kürek çektin,
kul oldun sonunda bir kapıya.
Çıkarı olduğu halde işinin
kaplarını doldurmadın vaktinde,
sessiz sedasız göçtün aramızdan;
ne ölümün geçti gazeteye,
ne dokuz göbek soyun.
Kötü mü olurdu kara günler için
beş on para ayırsaydın bir kenara,
hiç olmazsa başımızı sokacak
iki gözlü bir ev bıraksaydın.
Sokakta kalmış değiliz,
adını herkese hatırlatacak
bir dikili çöpün bile yok yeryüzünde
mezar taşından gayrı.
Büsbütün unutulup gideceksin
seni üç aydan üç aya hatırlatan
elimizdeki cüzdan da olmasa...
Bizi yukardan konuşturacak
ne han bıraktın, ne hamam,
iki karışlık arsa da kalmadı
yangın yerinde;
borcun bile yoktu ödenmeyecek kadar,
neyinle övüneyim!
Şöyle böyle bir memurdun
kolculuktan yetişme
kimlerin yanında lâfını edeyim!

KAPALIÇARŞI

Kapalıçarşı açıldı...
Tezkereci Ali Onbaşı,
tedarik için sivillerini şimdiden
dikilmekte kapıda...
Elden düşürdüğü ceketin altına
belki bir müdürün
üç ayların ortasında sattığı
siyah çizgili pantolonu beğenecek,
belki de bir yedek subayın
zırhı dökülmüş külotunu...
Kapalıçarşı açıldı...
Topkapılı Hâcer
bırakarak üçüncü çocuğunu komşuya,
ipek çoraplarını tazeleyecektir,
Feshane'deki kocasından saklı.
Kapalıçarşı açıldı...
Medrese'de yatan Hayri
iki öğün köfteye karşılık
satabilir eski gömleğini...
Kapalıçarşı açıldı...
Kumkapılı Melâhat
elinde ekmek paketi,
koltuğunda yarım kalmış bir kazak arkası...
On buçuğa kadar
yazı makinesinin örtüsü
ve sayfası bir kayıt defterinin
açılsa da olur, açılmasa da...
Kapalıçarşı açıldı...
Fazla dolaşmaya gelmez,
dışarda yağmur ve çamur,
güven olmaz pabuçlarıma.

KİTAPLAR

Üç odalı bir ev kiraladığım gün,
kurtulacak kitaplarım
merdiven altındaki şeker sandığından.
Belki de gün geçtikçe,
tabanında halı döşeli
bir kitaplığım olacak.
Benden söz açıldı mı
önce kitaplarımın sayısı söylenecek
sonra baremdeki derecem...
Bense her şeyden uzak,
kitaplarımın ortasında kendimi unutacağım!
Evde bulunmadığım günler
"Meşgul!" diyecek beni soranlara
güler yüzlü hizmetçim.
Başka bir gün masamın başında
en kalın kitabımı okur görünürken
bastıracak misafirlerim...
En yakın dostumun bile
dalgın dalgın bakıp yüzüne
ismini soracağım!
Çıkarırken gözlüğümü
eski mahalle arkadaşıma
"Nerede tanıştıktı,
yabancı gelmiyor yüzünüz?" diyeceğim;
dalgınlığım onları güldürmeyecek.
Sorarlarsa dünyanın gidişini
duvardaki büyük adam resimlerine bakarak
Eflâtun'dan satırlar okuyacağım.

BÖYLE Mİ OLACAK ÖLÜMÜM?

Sanıyorum fazla beklemeyeceğim
emekli kahvelerinde ecelimi.
Soğuk algınlığını bahane ederek
el etek çekildi mi ortalıktan
başımı alıp gideceğim.
Belki de fazla kaçırdığım bir pazar akşamı
başıma soğuk su dökenler
buldu diyecekler şarabın en dokunaklısını.
Ertesi akşam köftecinin üstünde
yerim boş kalacak.
Benden lâf açıldı mı
daha rahat konuşacak arkadaşlar.
Alacaklılar kadar olmasa da
yine de üzülenler bulunacak:
Çaycılar, kahveciler, işkembeciler...
İlk taksiti bekleyen terzi
kızacak kefil bırakmadığıma
ve Kapalıçarşı'da
rehine bıraktığım palto
boşuna bekleyecek kurtuluş gününü.

DOĞUM

Anan bir çamaşır dönüşü sancılandı,
açtın çapaklı gözlerini,
bodrum katında.
Güldürdü ihtiyarın yüzünü
üç kızın peşinden gelişin.
Hani bir hal olsa
apartmanın demirbaşı Zeynel Efendi'ye
sen sağ oldukça boş kalmayacak
kapının önündeki iskemle...
Alışmayana güç gelir
kula kul olması;
kolay mı el kahrını çekmek,
şu elli beş ayak merdivenden fazla
çökertir insanın belini.
Bir bakıma temiz iştir kapıcılık
bayramı var, bahşişi var!
Kötü insan değildir üst kattakiler,
zahmetleri çoksa da, açıktır elleri...
Gömleğin Bankacılar'dan,
donun Müdürler'in armağanı,
üç kardeşini kazasız büyüten nazarlık
Sarraf'ın hanımından.
Aynı çatı altında değil misiniz,
unutmazlar, sağ olsunlar,
her yemek sonunda Hatçe Kadın'ı,
emziklidir diye...
Senin bile kursağındaki sütte
kokusu var on sekiz mutfağın!

YAZ GELİYOR

Hepimize geçmiş olsun,
atlattık bu kışı da burnumuz kanamadan.
Sıkıntımız kalmadı soğuktan yana.
Oduna, bundan sonra
çamaşırdan çamaşıra iş düşecek,
kömüre misafirden misafire...
Kaynamasa da olur tencere,
açtı gözlerini güneşe soğanlar,
su yürüdü domateslere...
Artık kömürlüğün önünden geçmek
ne beni korkutacak ne oğlumu.
Bir türlü gözü doymayan sobamızı
hapsedeceğiz merdiven altına.
Çoluk çocuk sokaklara dökülecek,
söğüt dalından atına atlayan oğlum
fethedecek Aksaray'ı baştan başa.
Nerde görürse asılacak kuyruğuna
bizi bütün bir kış unutan
sütçü beygirinin.
istediğimizi vermeyen mahalle bakkalının
korkarım indirecek camlarını.
Sonra arkasına düşecek
mahalleye şarkılarla giren
kiraz sepetlerinin!

BEYAZIT KAHVELERİNDE

Sen eski defterleri karıştırırken
bir sigara rüşvetle oturduğun
çınar dibinde,
sağında vakit öldürmek için
yeni pabuçlar boyatılır,
günlük kazancı sorulur tespihçinin
üç kuruş kırdırılır ağızlıktan, alınmaz.
Solunda, memlekete yazılan mektupta
listeler düzülür
gece masraflarına karşılık.
Apaçık bir Beyoğlu hikâyesini
bıçak gibi keser ortasından
cenaze arabası.
Peşinde alışılmış kalabalık.
Herkesten önce doğrulur minderinden
garsonları haşlayan çorbacı;
yirmi markası vardır sağlama
rahmetlinin öğle namazına kadar...
Biraz önce başında dikilen ihtiyara
uzattığına üzülsen de yeridir,
son çeyreği...
İşte boş döndü tepsisi
aç karına ferahnâktan taksim geçen
Üsküdarlı kemancının.
Gözünde tüterken
meşhur işkembeci Rüstem Usta'nın
sade suya baş çorbası;
Emin Efendi'de, öğleye doğru,
ziyafetin başladığını müjdeler
tıkanası burnun.

MAHALLEMİZ

Korkusuz gezebilsem sokaklarını
bu mahalle hoşuma gitmeyecek değil...
Bakkal köşe başındadır
iki aydır kalem sürülmedi
Öğretmen Rıfat Bey'in hesabına,
toplam çizgisi çekildiği halde
borcu silinemedi;
nasıl geçersin önünden...
Yağlar ortalıktan çekileli
kasaba fazlaca yüklendik;
beş kilo kuyruk oldu, şimdiden;
elin Eğinli'sinin ağzını
nasıl kapatırsın aybaşında?
Hoşçakal gündüzleri, Ordu Caddesi!
Benim iyi yürekli tütüncüm,
tiryakiyimdir, bilirsin.
Gün olur üç pakete sigara demem.
Efkârdan diyeceksin, haklısın.
Defterin bir kenarına yazdığın
iki köylü sigarasına değişmem seni,
şurada ne kaldı aybaşına...
Dert ortağım Reşatçığım!
Bize ekmek kalmadı Lâleli'de;
senin de kendine göre
ellerini sallayarak geçemediğin
tehlikeli sokakların var.
Hani düşsek yollara Beyazıt'tan
sanıyorum geçemeyiz Aksaray'a
sağ selamet!

KOMŞULUK

Derdimiz bize yeterken
komşulardaki de tuz biber eker,
Kâtiplerde gürültü çıkar
çorap yüzünden,
tasası bizim evdekilere...
Malmüdürüne nüzül iner
bir tahkikat sonunda
derdini bizimkiler çeker,
bozulur ağzımızın tadı...
Ev dediğin dırıltısız olmaz
hele böyle günde...
Bizim de kendimize göre
gürültümüz eksik değil;
küçük başın küçük derdi.
Hırlaştığımız olur
et yüzünden, ekmek yüzünden,
bakarsın düşüvermişiz
komşuların diline...

Zaten saklayamadı içyüzümüzü
raptiye ile tutturduğumuz perdeler,
sırrımızı bilmeyen kalmadı...
Gördüler tencereye tavaya
fazlaca işimizin düşmediğini...
Çamaşır günlerinde öğrendiler
donuma gömleğime kadar.
Söz oldu soğuk günlerde
yatakta roman okuduğum...
Hele sülâlemizdeki sadelik
gitmedi kimsenin hoşuna...
Ne olacaktı,
yedi atası devletli olmazdı ya
bodrum katındaki kiracının.

SANATORYUM

Daha beş ay geçmeden
üstünden ilk istidamın,
nasıl oldu da girdik Heybeli'ye!
demek bu yıl da kendini gösterdi
yaprak dökümü,
erken boşaldı yataklar!
Nereden de tutulduk bu derde,
ne kuruntuya verdim kendimi,
ne karasevda geçti başımdan!...
Temelimiz çürükmüş, anlaşıldı,
bu kadar dayanabilirdi sıkıntıya
seferberlik ekmeğiyle büyüyen...
İş girinceye kadarmış
ne çabuk da unutuldu
kalemden kaleme koştuğumuz günler
ve sıra beklediğimiz kapılarda...
Rahatız,
ne odun kömür derdi kaldı,
ne tarhana bulgur düşüncesi...
Kötü şeyler getirmeden aklımıza
bol bol öksürüyoruz.
İştahımız olmasa da,
yine bekliyoruz akşam yemeklerini...
Ve kuvvet şurubunu,
eski günleri hatırlayarak
çekiyoruz şifa niyetine!
Bir hırkaya bir lokmaya kaldık,
hele dostlarım sabırlı olsun
şöyle sırtüstü yatarak
biraz da biz yaşayalım
ekmek elden su gölden!

Sınıf
(1944)

ÇOCUKLARIM

Yoklama defterinden öğrenmedim sizi,
benim haylaz çocuklarım!
Sınıfın en devamsızını
bir sinema dönüşü tanıdım,
koltuğunda satılmamış gazeteler...
Dumanlı bir salonda
kendime göre karşılarken akşamı,
nane şekeri uzattı en tembeliniz...
Götürmek istedi küfesinde
elimdeki ıspanak demetini
en dalgını sınıfın!
İsterken adam olmanızı
çoğunuz semtine uğramaz oldu okulun
palto, ayakkabı yüzünden.
Kiminiz limon satar Balıkpazarı'nda
kiminiz Tahtakale'de çaycılık eder;
biz inceleyeduralım aç tavuk hesabı,
tereyağındaki vitamini
ve kalorisini taze yumurtanın!
Karşılıklı neler öğrenmedik sınıfta,
çevresini ölçtük dünyanın,
hesapladık yıldızların uzaklığını,
Orta Asya'dan konuştuk
lâf kıtlığında.
Neler düşünmedik beraberce
burnumuzun dibindekini görmeden
bulutlara mı karışmadık!
"Hazan rüzgârı"nda dökülmüş
"hasta yapraklar"a mı üzülmedik!
Serçelere mi acımadık, kış günlerinde
kendimizi unutarak!

REMZİ

Ne sorayım sana,
derste kulak dolgunluğu
hatırında kalanları mı söylersin,
uyku sersemliği
şöyle bir göz gezdirdiğin kitaptan
aklına girenleri mi?
Çalışamadın istediğim gibi,
ya komşulara su taşıdın çeyreğe,
ya bekâr çamaşırları yıkarken annen
beşiğini salladın kardeşinin...
Belki gaz yoktu bu gecelik
şişesi çatlamıştı belki de lâmbanın.
Şu halde karşılıksız kalacak sorularım,
zararı yok,
vakti gelince senden öğreneceğim
makarna, un dağıtıldığını,
Bulgarya'dan gelen kömür motorlarının
yanaştığını Kumkapı'ya.
Etin iki lirayı aştığı günlerde
kulağına kar suyu kaçan toriklerin
karaya vurduğunu.
İşimize yaramasa da
kaça sürüldüğünü kahvenin el altından
yine sen bilirsin bu sınıfta.

Yaz ortasında bulursun
hasta için olduktan sonra
limonun en sulusunu.
Mahalle kırılırken uyuzdan
kükürdü sen taşırsın
Mısır Çarşısı'ndan hastalara.
Ararsın kursağına girmese de
folluğa yeni düşmüş yumurtayı
cılız çocuklar için.
Senin omuzlarındadır her işi mahallenin,
en insaflısını verem doktorunun
dişçinin en ucuzunu
sen salık verirsin komşulara.
Bildiklerin de vardır fazladan
çiviye, kalaya dair...
Biraz daha kurcalarsam
dökersin içyüzünü nalburların.
Benim bilgili, becerikli çocuğum,
kalktığın zaman tahtaya
yüzünün kızarması neden?
Ayağında sağlamca bir pabuç
sırtında bir ceket yok diye mi?
Ne var bunda sıkılacak,
utanmak bize düşer çocuğum!
Eğer çalışmadığın içinse,
bildiklerin sana yeter,
notun önceden verilmiş,
bilmediğin şahıs zamirleri olsun!

SINIF

Bizim kadar Feyzi Hoca da
yaka silkerdi Kadıoğlu'ndan;
kime çekmiş derdi, bu yezit!..
Öyle ya, iyi adamdı babası,
kapısı açıktı otuz Ramazan
memleketin ileri gelenlerine...
Alikıran başkesendi sınıfta,
lâfı ağzımıza tıkar
zorla dinletirdi, ineklerinin
kaç kova süt verdiğini,
ve motorlarının Gülcemal'i
nasıl geçtiğini Çaltıburnu'nda.
Ve sen, gözünü budaktan esirgemeyen Halil'im,
kıyı kıyı kaçardın Kadıoğlu'ndan.
Yemek paydosunda bizden saklı
bir baş soğanı yoldaş ederdin
sacta pişmiş mısır ekmeğine.
Her salı
sergi açardın cami önünde,
tuz satar, yumurta toplardın
Gümrükçü'nün hesabına.
Biz aynı gün hesaplardık hocamızla
şu kadar bin liranın ne getirdiğini,
yüzde beşten şu kadar senede.

Ertesi gün karşımızda kıvırırdın
yarım ekmekle çarşı helvasını.
Benim yumruğuna sıkı Halil'im
çekerdin sineye Kadıoğlu'nun
yakası açılmadık küfürlerini;
tuhaf gelirdi uysallığın,
nerden bilecektim onların çiftliğinde
babanın yanaşma olduğunu.

HÜRSÜN!

Karışanın yok, görüşenin yok,
ne hocadan azar işitirsin
çalışamadığın için,
ne başına kakanlar bulunur
yediğin ekmeği.
Hangi işe soktunsa burnunu
dikiş tutturamadın,
ne zormuş ekmek parası çıkarmak!
Macuncunun defini çaldın gündelikle
çabuk usandırdılar,
mani düzdün ketenhelvacıya, olmadı.
Küfecilik ettin, kıvıramadın,
incittin belini.
Silemezsin ne yapsan hayalinden
Hacı Bekir'in helvasını
ve Halep Kebabı'nı Rasim Usta'nın...
Ne yatak bilirsin, ne yorgan,
ne ayağın çorap görür, ne sırtın ceket...
Sünnetini bile unutmuştur Kızılay.
Belki karakol dolabından gayrı
bir çatı altına da sokmadın başını...
Bilmem, neden ısınamadın şu bekçilere,
haksız mıdırlar, kendi mahalleleri dışına,
seni kovarlarsa?
Onlar da karışmazsa sana
unutursun neyin nesi olduğunu.

Bugün okunmazsa esamin
onun da zamanı gelecek,
adın nüfus kütüğüne geçmeli,
yol parası çıkacak yakında
yaşın gelince asker olacaksın!
Bir şikâyetin yok şimdilik,
havalar ayaz gidiyor, o kadar...
Gündüzleri Aksaray'da göründüğün olur,
manavların önünde.
Eğer yerindeyse keyfin
sinema resimlerine dalarsın akşamları.
Açıldığın da olur Beyoğlu'na doğru,
bir tramvay basamağında.
Efkârlandığın günler
sözde şarkı satarsın mahalle arasında,
Uyan Sunam'ı söylersin
apartmanlara karşı.
Şu kuyruksuz da olmasa
çekerdin acısını yalnızlığın.
İyi köpektir,
bir yediğiniz ayrı gider.
O da bilir senin kadar
peşine düşecek çöp arabasını.

SÜNNET DÜĞÜNÜ

Sayfiyeye çıkmasak da
bize göredir bu aylar...
Tahtakurusuna aldırmayız,
kulak asmayız sivrisineğe,
kim gözünü açacak yorgunluktan!
Evlerimiz gibi şenliklidir mahallemiz de...
Konu komşu toplanır,
taze asma yaprağından zeytinyağlı dolma ile karşılarız
Hıdrellezi...
Biliriz açmasını
kesenin ağzını yerine göre,
hesapla kitapla işimiz yok.
Nasıl olsa kurtulmuyor
iki ayağımız bir pabuçtan.
Yorgana göre uzatmaktan ayağımızı
kötürüm olmak işten değil.
Doğrusu ya eğlencesiz yapamayız,
mahalleye cümbüş mü lâzım,
Uzun Ahmet'in kızı
bir nişan daha yapmazsa bugünlerde
ağustosa sünnet düğünü yapar
çoluk çocuk eğleniriz.
Bizim emektar seccadeye olur
ne olursa...

Eşi dostu toplarız bir gece,
Nuh'tan kalma lüküs lâmbasını
asarız karaduduna Dülgerler'in.
bir tarafta çocukların tahta karyolası,
donatılmış masalar bir tarafta...
Armağanlar gelir eşten dosttan,
bırakılır yastıkların altına.
Ne şeker doyurur bizimkinin gözünü,
ne de işlemeli mendiller,
gönlü kız gibi bir bisiklettedir.
Vakti gelince meydan açılır;
kıvraktır oyunu kızlarımızın,
tüy gibidir vücutları...
Berber Kâzım kanun çalar,
Çarşambalı Yusuf, keman;
Safiye'yi çağıracak değiliz ya
Tapu Kâtibi dururken!
Her şeyi yerli yerinde bizim oğlanın
eğer bir sünnetse noksanı,
o da çıkıversin aradan!

VAPUR İSKELESİNDE

-Eğer ev tutacaksan,
suyu içinde olsun
ev sahibi dışında,
zehir eder insana lokmasını...
Sokakta kalmak istersen
kız da yüzüne karşı çek kapıyı
şimdiden hazırdır kiracılar...
-Yığın yığın insan taşısın
trenler, Boğaziçi vapurları
biz bu pazarı da öldürelim
vapur iskelesinde...
Farkında değiliz mevsimin,
ne yazlık gömlek var arkamızda,
ne modaya uygun bir ceket;
pabuçlar kıştan kalma,
üstümüzdekiler geçen yazdan.

-Açık kalmasın da sırtımız
giyinmek bizim için değil...
Bütün zorumuz boğazdan,
hasretiz bol sirkeli salataya
henüz girmedi mutfağımızdan içeri
Ayşekadın...
Dilimiz bağlı geçiyoruz
manavların önünden,
ne karpuzun turfandası bizim,
ne üzümün.
-Hadi senin başında çoluk çocuk,
ben kimin için katlanıyorum
basık evlerin küf kokusuna
ve pisliğine bekâr odalarının?

Bütün kış,
sabah uykusunun
ve bir bardak ıhlamurun hasreti çekilir.
Bizim gayretimiz getirir de yazı
tadını başkaları çıkarır...
Kimin için bırakırız sıcak yatağı
fabrika düdüklerinden önce,
bu kör boğaz için mi bütün çilemiz!
-İşte Ada vapuru kalkıyor,
dolaş candan bir tanıdık bulabilir misin
dert yanacak,
çımacıdan, ateşçiden gayrı...
Bakır yüzlü kadınların arasında
bizim Cibali kızlarını göremezsin.
Rastlayamazsın,
Unkapanı Köprüsü'nde karşılaştığın,
gözkapaklarındaki uykuyu,
avuçlarıyla dağıtan işçilere...
Ve sigaranı destursuz yaktığın
Defterdarlı arkadaşlara...

NE DİYEBİLİRSİN?

Geç vakit işten çıkarsın,
iki satır konuşmak için
hasretsin bir ahbap yüzüne,
bıçak açmaz dostların ağzını
değirmenci su derdinde...
Yorgunluğu çıkarmak istersin
bir koltuk meyhanesinde,
kesen elvermez,
ne yaparsın, gün o gün değil...
Bir kahveye sokarsın başını,
dolaşamazsın ya böyle soğukta...
Temiz bir kahve çeker canın,
mis gibi nohut gelir burnuna,
sen eski tiryaki, gel de iç bakalım!
Duramazsın okumadan yeni haberleri,
gazeteler emeklilerin elinde...
Vakit gelir radyo açılır,
dinle dinleyebilirsen!
Erkek müşteriler uğrar meyhane dönüşü,
bir sözle kestirip ajansı
plâkla Urfa havası çaldırır,
ne diyebilirsin,
paraya geçer hükmün!
Girecek değilsin ya belâya
tutarsın erkenden evin yolunu;
hem altıda kalkacak adamın
işi ne, kahve köşelerinde!

YAZLIĞA ÇIKIŞ

Üçü de düştü cemrelerin,
hükmünü gösterdi üç dokuzlar,
yüz tuttu havalar ısınmaya.
Tam kendini dinleyecek zamanın,
ne başının üstünde dönen kayışlar kaldı
ne kulağında çarkların uğultusu...
Ver, cami duvarına arkanı,
kesik bacağını altına kıvır,
kestir sinekler bastırmadan!
Serili dursun önünde mendilin,
toplanır yarım kalıp sabun parası
temizlersin bütün bir kışın kirini
ve pisliğini yangın yerinin...
Gene senin bileceğin iş,
dermansız çıkmışsın kıştan
temizlik ne zaman olsa olur,
boğazına ver kazandığını,
bak, bir türlü ısınmıyor sırtın!
Seni canından bıktırsa da bu kaşıntı
dişini biraz daha sıkıver,
sular da ısınır yakında,
beklemezsin herkes gibi
denize düşmesini karpuz kabuğunun,
atar koltuk değneğini bir kenara
dalarsın soyunmadan.
Gecelerin kırıldı ayazı
bu mevsimi olsun Boğaz'da geçir
bırak artık şu Aksaray'ı,
zaten taşındı Adalar'a
ileri gelenleri mahallenin
kalmadı işe yarar çöp tenekesi...

ŞUBEYE DOĞRU

Bir bakraç su dökülür peşinden
ve ıslak gözlerle bakakalır,
annen, kız kardeşin...
Komşu çocukları,
nöbetle taşırlar torbanı
şubeye kadar.
Köşeyi dönerken
son defa çevirir de başını
büyüdüğün sokağa bakarsın,
Surdibi'ndeki teneke yüzlü evin
her zamandan fazla hüzünlüdür.
Girince kahveden içeri,
seni bekleyen arkadaşlar
atarlar kaptıkaçtı kâğıtlarını
masanın üstüne...
Son kahveni içersin ocaktan!
Kahveci her zamandan daha soğuk
seni uğurlar.
Sonra Mustafa'ya uğrarsınız
yemekler hazır değildir henüz.
Meze olur, haftalık ciğer tavası
suyu tazelenmiş şaraba.
Son meteliğe kadar
kusur etmez ikramda arkadaşlar...
Helalleşip ayrılırken, Mustafa
bilmem hangi pazardan bakiye
128 kuruş zimmet gösterir,
borcunu Nuri alır üzerine...

Fatih durağında, bir ara,
kenara çeker Osman'ı, konuşursunuz,
"Hele sen bir kere dön," der arkadaşın,
"o mesele kolay!"
Ve sonra emanet edersin
anneni, kardeşini
en yaşlısına arkadaşların...
Yazdırmasını söylersin onları
Beşiktaş'ta tütün deposuna.
Çatalhan'a doğru yürürsünüz,
birer birer dolaşırsın odaları
ustanı bulur,
çift başına çalıştığın sıralarda,
kalan sekiz liranı istersin:
"Sen merak etme," der, "annene yollarım.
Şimdi biraz dardayım da.."
Girince öğleye doğru
yabancı şubesinden içeri,
birdenbire ayarsın.
Veda edersin dostlarına,
sivil elbiselerine...
Dökülür biraz sonra önüne
henüz rengi koyulaşmayan
kıvır kıvır sarı saçların
ve sevkiyatta geçer ilk gecen, uykusuz..

ALTIN BİLEZİK

Sen de sırayı savdın,
çıktı askerlik aradan,
komşular kapı kapı kız peşinde,
sen kendi derdindesin.
Değil mi ki boştasın,
kaç para eder hünerin dikişlide,
bıçağının sayada hafifliği!..
Hamlaşmasaydı bileklerin,
elin mantarlıya yatkın olsaydı,
çabuk geçerdin tezgâhın başına
nankörlük etmez işçisine Çatalhan;
şu var ki erken başladı kâr kesatı,
durgun alışverişler.

Şimdilik babadan kalma
son tencere de çıksın bakırcılara,
gereği yok sana kabın kacağın;
ilerde yeniden düzersin takımı
iğneden ipliğe kadar.
İşten erken çıktığın akşamlar
uzanırsın Yeniyol'dan Acıçeşme'ye,
bahardır önümüz;
gözünün tuttuğunu seçersin.
Bir günde söz kesilir,
yüzükler takılır hafta sonunda,
Yenikapı'da şarkı dinlenir
ve ilk armağanını
kendi elinle çekersin kalıba;
budur görüp göreceği!
Hele bunlar ilerde düşünülür...
Paslanmadan elde altın bilezik
uygun bir iş bul kendine;
hiç olmazsa yanında çalış
bizim Eskici Halit'in,
pençe de mi gelmez elinden?

KARA DAYIYA MEKTUP

Gidenler gelenlerle
yolladığımız selâmlar da olmasa
çoktan yitirirdik izimizi.
Ne yapalım, düşmüşüz kendi derdimize,
zor geliyor iki satır karalamak...
İyiceymiş sağlığın
kelle kulak gelmiş yerine,
aranızda pehlivan geçinen Asım'ı
bir tutuşta yere çalmışsın
kır gezintisinde...
Bilmem sende mi, Asım'da mı keramet!
Yalnız, medreseden kalma
romatizmaların tutuyormuş ara sıra...
Ben de fena değilim,
iştahım yerinde,
yalnız kaşıntı var vücudumda biraz
uyuz diyenler de oldu,
fayda vermedi ne yaptımsa,
halden anlar bir doktora gittik
meğer kanımız bozulmuş, bayat gıdadan...
-Evet kanımız bozulmuş!-
Günlük palamutların bile
denize döküldüğü bu memlekette
bozuk yiyecek mi kalır!

Ne yaparsın,
kaşınmanın da bir tadı var kendine göre...
Bu tat yüzünden
uykumu kaçırdığım da oluyor.
Bir gece çıkayım dedim Karagümrük'e doğru
senin cami avlusundan geçiyordum
ortalığı bir görme,
yedisinden tut yetmişine kadar
iç içe geçmiş...
Nerde dedim, gelsin görsün
serçenin yuvasını düşünen şair!..
Beni görünce,
çektiler çullarını başlarına
korkudan...
Bilmem memur mu sandılar!
Bir ihtiyara yanaştım
çekinerek selâmımı aldı,
iki lâf ettik:
Çınar dibindeki, hamalmış
gümrük önünde,
işi işmiş ama eskiden
atılmış şimdi çürüklüğe...

Satılmayan gazetelerini
başının altına koymuş bir çocuk
kıvrılmış duvar dibine;
onun yanı başında
birbirine sarılmış sıkı sıkı
yeni evliler...
Karşıda bir emeklinin karısı
durmadan sigara içiyordu.
Eli ayağı düzgün
bir kızı da varmış ama
misafirmiş arkadaşında;
hiç olmazsa
rahat bir döşekte geçecek gecesi.
Bir tarafı medrese duvarına dayalı
çerden çöpten bir kulübe vardı
ve içinde oturduğu yerde uyuyan
yaşlı bir kadın.
Kocasını iki gün önce götürmüşler
vurgunculuk suçundan!
Senin Rıza da özeniyordu bu işlere,
işkembecide gördüm geçen gün
işe girmiş,
dersleri asmış bu yüzden;
tüyü düzmüş baştan ayağa...
İlk günlerde
müdüründen lâf işitmiş,
kılık kıyafet yüzünden...
Kışa çok var diye
çıkarmış elinden pardösüyü
birkaç kuruş eklemiş de üstüne
bir takım elbise uydurmuş.

Senin anlayacağın
heybeyi bozup torba yapmış!
Belki de hoş görünmek içindir
dairesindeki kızlara...
Benim içim geçmiş de, Kara Dayım,
bu işlere aklım ermiyor...
Biz boğaz derdine düştük
unuttuk çoktan üstümüzü başımızı...
Böyle olduğu halde işler
Çemberlitaş'taki köfteciyi bıraktık da
işkembeciye dadandık.
Hem unuttuk şarabın çeşnisini,
varsın fezlekeye geçsin sarhoşluğum
ihtar gelsin yukardan,
aziz dostum, bununla beraber
geceli gündüzlü ayık geziyorum!

ÇAY

Parlak geçti Star Kulüp'te,
doğum günün için verdiğin çay
bu şeker kıtlığında.
İçkilere yapılan zamlardan habersiz
zengin bir büfe çıkardın dostlarına.
Davetliler seçmeydi, caz mükemmel,
Adalılar son vapuru kaçırdı,
sabahladı Boğaz'dakiler,
hatırın için;
içtiler, eğlendiler şerefine.
Halledilmedik mesele kalmadı
sabaha kadar.
Sen buldun arasını,
geçen sene bir açık artırmada
birbirine yüklenen iki dostunun.
Nişanına sen karar verdin
İsviçre'den dönen Enver'le
teyzenin kızı Neclâ'nın,
haftaya aynı kulüpte.

Ne kadar paralı olsa da
Enver'den iyisini mi bulacak,
dansta var mı üstüne çocuğun?
Bu gece karar verildi nakline
Necmi'nin ardiyesindeki çimentonun
Nişantaşı'na.
Bitecek apartmanın üç dairesi
üç aziz dostuna kiralandı şimdiden.
Ofislere yeni memurlar kaydedildi,
tecziyesi düşünüldü bir kâtibin.
İçtiği şaraptan mı nedir,
iç salondaki poker partisinde
fazlaca girdi içeriye
Balıkpazarı'nın Konyalı'sı.
Yarın beklenebilir,
iki kuruş daha fırlaması pirincin
nakil masrafları yüzünden.
Yine fazla taşkındı Nihatçığımız
pervane idi etrafında,
içince tutamaz kendini,
yine de hoş çocuktur,
hiç de yabana atılmazdı takside
parmağına geçirdiği hediye.
Eh, iyi bir gece geçirdiniz,
ağır tuvaletler vardı,
çok beğenildi saçların.
Sanmam ki giydiğin boşa gitmiş olsun,
öğrendiler diktiğini Cemal'in;
bırak şunu, eski kredisi mi kaldı,
işitiyoruz neler diktiğini
taşralı zenginlere!

AKŞAMÜSTÜ

Eve dönünce kahveden,
geçirip arkana beli kuşaklı entarini.
kurulursun köşe minderine.
Sedirin dibinde bekler
mercan terliklerin.
Vurunca ellerini birbirine
okkalı fincanla gelir kahven;
yudum yudum sindirirsin içine.
Kül tabağında yasemin çubuğun,
burnunun ucunda gözlük,
elinde Tasvir-i Efkâr,
seyredersin ahval-i âlemi
mirsâd-ı ibretten.
İlk işin
kaça yükseldiğini öğrenmek olur
altunun!
Sonra sokarsın burnunu
Velid Hoca'nın başmakalesine.
Süzerken ajansları,
yarı uyur, yarı uyanık,
yükselir ezan sesi
Hırka-i Şerif'ten...

Geçirirken ayağına terliklerini
köküne kibrit suyu,
kırsın birbirini dersin,
küffâr-ı hâkisâr!
Ellerini tekrar vurunca,
ibrikte gelir abdest suyun.
Namaz sonunda
yalnız sizin işleriniz için,
her yerde hazır ve nâzır
ve her müşkülü âsan eden o Zülcelâl'e,
hamd ü senâ'da bulunursun.
Sabahları Berlin'den
Kudüs Müftüsü'nü dinlediğin radyonun
sıyırıp mavi boncuklu yeşil kılıfını
Kahire'yi bulursun.
Kulağında Arap'ın Yusuf sûresi.
Rast'tan,
elinde tespih...
Bir yanda kırılır Kenan diyarı
kıtlıktan,
bir yanda buğday dolu ambarları Mısır'ın.
Canlanır gözlerinde
Züleyha'nın hüsn ü ân'ı;
kendinden geçersin.
Duvardaki guguklu saat,
bölünce hülyanı ortasından,
uzun uzun gerinir
sofraya inersin,
rızıklanırsın Allah ne verdiyse...
Kerime cariyemiz
bu akşam da Park Otel'dedir
ve mahdum kölemiz telefon etmiştir
Ada'dan...

NE YAPMALI?

Maaşı yüksek, çıkarı yolunda,
uygun bir iş bulup kendine
vazgeçiver şu hocalıktan.
Arzuhalcilik etsen Divanyolu'nda
Tapu'da, Nüfus'ta iş kovalasan
çıkarırsın aldığın maaşı...
Kahrını ne çekmeli bu mesleğin,
cahil mi kalırmış çekilirsen
memleketin çocukları?
Beş on paran olsa elinde
sen bilirdin yapılacak işi,
Karaköy kahvelerini dolaşırdın
kulak verir masalara,
öğrenirdin piyasanın iç yüzünü.
Zaten bu devirde,
ne atarsan bir kenara
gün geçtikçe koymakta üstüne;
çok kazanmak için
sürecek malı bilmeli.

Eğer biçimine getirirsen
girersin açık artırmalara,
büyüklerden tanıdıkların var,
bilirsin yerinde lâf etmesini,
yırtıksın!
Henüz sana istifçilik gelmez,
doğru değil parayı bağlamak,
sürümden kazanmalısın.
Simsarlık da temiz iş doğrusu
yazıhane açar Sirkeci'de,
yaldızlı bir kart bastırır
Kayseri'ye haber salarsın,
alır pastırma işlerini üzerine,
mal gönderirsin karaborsadan
-a nasıl oralı değil misin!-
Biraz kalınlaşınca
bir apartman dikersin Beyoğlu'na:
"Emek Apartmanı".
Kiraları yüksek diye
kim açabilir ağzını,
sen temeli 39'dan sonra attın.
Sonra genişletirsin yazıhaneyi
bir iki kâtip çalıştırır,
bir de muhasip tutarsın...
Biri esmer, biri sarışın
iki daktilo alırsın yanına
Yalova'da geçirir yazları
kışın Uludağ'a çıkarsın,
sen de bilirsin para yemesini
alın teriyle kazandıktan sonra.

ÇİLOĞLAN

Kim dinler Akyazı'da Topal Ömer'i,
kırkın çıkmadan unutuldu
kulağına ezanla söylediği isim,
sen köyün taktığına bak:
Çiloğlan!
Ne geldiyse başına ezanla geldi,
babanı sabah ezanı çıkardılar yola,
ananı öğle namazına yetiştirdiler
mescit önüne...
Kendi kendine büyüdün bir ahlat gibi,
fazla konuşmazdın,
Akyazı'nın sığırından gayrı
kulak asan yoktu sözüne.

Köyün hatırı sayılanları
ne düşündülerse düşündüler,
başgöz ettiler Kumköylü Hanife'yi,
yatsıdan sonra girdin gerdeğe.
Yar mı olur elin yosması sığırtmaca,
çok sürmeden arası
"Hanife'yi samanlıkta bastılar."
Bu iş ezan vakti olmasa da
başının altından çıktı imamın.
Çok geçmeden yayıldı türküsü:
"Şalvarını gül dalına astılar."
Keyfini eller sürsün yosmanın
tasası Çiloğlan'a.
Bu olsun, beş ölçek arpayla
senin de payına düşen...
O başını aldı gitti şehire
sen Hanife'nin türküsünü değil,
yine kendi türkünü söyle:
"İndim dere beklerim
Vay benim emeklerim!"

KÖPRÜ

Senin Sürmeneli dediğin,
burnunun dibinde dururken İstanbul,
el tarlasında fındık dibi mi çapalar
çevirir de arkasını Karadeniz'e!
Ne güne duruyor Hüdaverdi'si Zeynel'in,
üstündeki üstünde,
başındaki başında,
muşambaya sarılı nüfus cüzdanın
ve limandan mühürlü gemici kâğıdın koynunda,
yoldasın!
Dökmezse marifetini ortaya
babanı Çaltı'da kapaklayan karayel,
eğer Kerempe göstermezse hünerini,
uzanır başüstüne şakalaşırsın
iyi gün dostu yunuslarla...
Uyarsa havası, haftaya,
Bababurnu, Kefken Adası,
derken Büyükdere'desin.
Köprü'yü çakırkeyif geçersin o akşam;
bir ara korkuluklara yaslanır
düşünürsün nasıl geçtiğini Haliç'e
çift direkli gemilerin.
Sen de öğrenirsin aslanım,
gizli kapaklı taraflarını...
Belki de ikinci seferinde, kaptanla,
hır çıkınca aranızda pay yüzünden
sen de öğrenirsin iç yüzünü Köprü'nün!

HALİL DAYI

Harman veresiye oturduğun köy kahvesi
Halil Dayı'sız kaldı.
Ne vardı, çifti çubuğu bırakıp yüzüstü
feleğe kahredecek?
Anlardın bu toprağın dilinden,
sen çıkarmayınca sabanı
çifte başlanmazdı bu köyde.
Kurttan kuştan öğrenirdin
kaçı olduğunu kasımın.
Bilirdin gözün kapalı,
hangi harmandan geldiğini
avuçlarındaki buğdayın.
Senin bahçıvanlık neyine,
işin ne bu Çiftehavuzlar'da?
Ne çıkar kaçırdı ise kızını
Hacı Durmuş'un oğlu;
tapusu onların üstünde
Harmantepe'nin.
Davarlarının beyazı ayrı sayılır
karası ayrı...

Kendine dert etmezdin ya,
kızın beşik kertisi sözlü olmasaydı
emmi oğluna.
Yüz bırakmadı elin uğursuzu,
adam içine çıkacak.
Rençber olduğun halde doğma büyüme
yarıya çalıştığın toprak
seni doyurmaz olmuştu,
bırak, hozan kalsın tarlalar!
Şimdi bir bakıma işin iş,
kurak da gitse havalar, yağışlı da gitse,
yine üç öğün yemeğin hazır.
Toprak yine o toprak ama
şu dört duvar düşündürür adamı.
Çıksan da nereye gideceksin?
Şöyle bir Beyoğlu'na uzansan,
yaşın kıvamını bulmuş,
eski tadı yok Şehzadebaşı'nın,
gönül şen olmazsa para mı eder?
Kim bırakır, çıkmak istesen de,
Bey'in bugünlerde misafiri fazla
manavı, kasabı senin üzerinde.
Sen izinli çıkarsan
en seçme çiçeklerle kim donatacak
eriklerin dibindeki masaları?
Onlar içer eğlenirken
bir köşeden çalgı dinlersin
senin de gözün gönlün açılır.
İşte herkes kendi âleminde
rahatsın ya, fazla karıştırmaya gelmez,
bu değirmen dönüyor ya
sorma nerden geldiğini suyunun!

BESLEME

Daha kapının önünde
neyin varsa çıkardılar sırtından,
kökünden kazıdılar saçlarını.
Fatma girdin evin hamamına
Bahtiyar çıktın.
Yatmadı dilin kolay kolay,
iki de bir "efendim" demesine.
Zor geldi, karşılarında dikilmek,
yürümek, istedikleri gibi.
Sağdı beyefendi o günlerde,
yatağa yeni düşmüştü;
iki yıl sen temizledin altını
ördeğini sen döktün.

İyi adammış gitti zamanında
ne çekti, ne çektirdi.
Daha ertesi gün,
yatağın altındaki çekmecenin,
düğümlendi anahtarı
hanımın ipek mendiline.
Sokak üstüne taşındı pirinç karyola,
sen alt kata indin.
Huyların bozulmasın diye,
ne alış verişe çıkarıldın
ne de gönderildin okula.
Üzerinde kaldı mutfak işleri,
bulaşığına kadar.
Vücut sağ olunca,
iş midir muşambaları silmek,
Hanım'ın dizlerini sıvazlamak,
çıkıp üstüne
kulunçlarını ezmek akşamları?
En hoşuna giden şey,
taşımaktı siyah kılıflı şemsiyesini,
üç adım gerisinden.
Bakarak kalın kürküne
ve hantal bacaklarındaki çizmelere,
yol boyunca düşünürdün
soğukluğunu bu memleketin.
Gel zaman git zaman,
uzadı beline kadar saçların
yanakların kızardı,
Hanım'ın eskileri yakıştı boyuna
gelinlik kız oluverdin.
Tahsildarın annesi oldu
ilk dünürlüğe gelen;
yüz bulamadı...
Bir emekliydi ikinci isteklin,
herhalde duymuş olacak
oturaktaki hünerlerini...

Yirmi beşe yükselince yaşın
çıktı karşına Siirtli mahalle bekçisi,
aracı koymadan;
küplere bindi Hanım'ın.
Evde kalacak değilsin ya,
gidersin bir uygununa, vaktin gelince.
Şekerci Sokağı'ndaki cumbalı ev
nikâhta senin üzerinedir,
dayarsın, döşersin istediğin gibi
ne güne duruyor halılar, yüklükte?
Daha parmak kadar çocuksun,
ev işlerinde gerisin biraz,
noksanın var kolada, ütüde.
Şimdilik bir sözünü iki etme Hanım'ının,
ayrılma dizinin dibinden,
otur kızım otur,
bahtın açılsın!

TOSYA ZELZELESİ

I

Bu akşam başı dumanlı Ilgaz'ın
Devres'in üstünde bulutlar,
havada yağmur ağırlığı...
Kepenkler erken indirildi,
Hanönü'nden dağıldı memurlar
kısa kesti paydos düdüğünü
çeltik fabrikası...
Sustu dokuma tezgâhları
durdu iki bin mekik,
iki bin dokumacı vardı uykuya.
Dayanarak köprünün korkuluğuna
Bekçi Ali hırsız kolluyor.
Kıvrıldılar birer köşeye
Şerif'in kahvesinde köylüler
torbaları başlarının altında...
Gâvur Ali'nin hanında yolcular
kestiler öksürüğü...
Postacının atları huysuzlanıyor
kişniyor pazarcının beygiri,
hancı uykuda, yolcu uykuda...
Yarın erken kalkmayı düşünmeyenler
Yirmibir oynuyor geç vakit
Şehir Kulübü'nde!

II

Ateşler kül bağladı sobalarda,
Tosya kan uykulardadır...
Dilküşa Mahallesi'nde bir cam kızardı,
bir anne çocuğunu emziriyor...
Bağ yolunda hastanenin
sızıyor ikinci katından ışıklar.
Yok hastaların bir şikâyeti.
Yalnız Çaybaşı'ndan Çepiş Hasan'ın
tuttu çeltik tarlasından kalma
yıllanmış romatizması...
Çekildi ortalıktan yorgun hemşireler...
Şimdi koridorları dolaşmada
adımları gece bekçisinin...

III

Saat biri otuz beş geçiyor...
Köpekler silkindi uykudan...
Değişti bir anda manzara,
canlı cansız
devrildi ne varsa ayakta,
yok oldu insan emeği...
Döküldü sokaklara insanlar
ölüler kaldı yerinde...
Vakitsiz giden hastalarına
üzülecek hemşireler kalmadı...
Sağ kalan çocuklarımız bir daha
karşısına çıkmayacaktır Öğretmen Kâzım'ın.
Çocuğunu emziren kadının
Soğudu memesinde sütü...
Kimler dönecek köyüne,
hana sağ inenlerden;
yolcular yataklarında gömülü
atlar ahırda ölüdür.
Bozuldu tezgâhlar, düzenler
mekik tutan eller kırıldı;
yarın Çeltik Fabrikası
işbaşı çalamaz,
artık uyandıramaz çalsa da
yedi yüz Tosyalı'yı uykudan!

IV

Dudaklarında ne anne, ne kardeş adı
yağan yağmura aldırmadan mahpuslar,
eğilerek yıkıntılar üstüne
insan arıyorlar, kurtaracak!..

V

Sabah geç oldu...
Kara haber salındı Ilgaz'a
yayıldı dört yanına memleketin.

VI

Hanönü'nde kuruldu çadırlar...
Kazanlar kaynıyor herkes için...
Köprübaşı'nda.
Bir felâket havasında kaynaşanlara
kamyonlar ekmek taşıyor uzaktan!
Merhabası olmayanlar
aynı çadırda geçirdiler ilk geceyi.
Açıldı evlerin iç yüzü
ne var ne yok döküldü ortaya...
Çok geçmeden arası
pazar kuruldu Çayboyu'nda,
açıldı dükkânlar,
geçti herkes kendi yerine...
Beş gündür aç, susuz
bir duvar altında kalan tiftik işçisi
yine çuvalların başındadır,
kızmıyor geç kurtarıldığına.
Yaver yine pirinçlerini taşıyor
Kalfaoğulları'nın.
O çoktan unutmuştur, üç gündür
beklediğini enkaz altında;
ama ara sıra hatırlayacaktır,
gündeliğini verenlerle
aynı kazandan yediğini...
Herkes yine işinde gücünde,
herkes yine kendi yerindedir.

Yaşadıkça
(1948)

İÇİMİZDEN BİRİ

Eli değnek tutar tutmaz
Çoban oldu;
Sardılar sırtına bazlamayı.
On altı yıl güne verdi karnını,
On altı yıl koyun güttü, kavalsız.
İnsanlardan ağayı tanır,
Adını bilmez sorarsan,
Hayvanlardan Karabaş'ı
Günü yetti, bıyığı bitti,
Okundu künyesi,
Gitti, davulsuz zurnasız,

KAHVELER, GAZETELER

Kimini vurguncu yaptı 39 harbi,
Kimini karaborsacı.
Lâf olur diye dost çayı içmeyenler,
Mahkemelik oldu rüşvet yüzünden.
Gaz fişi, ekmek karnesi derken
Kimler karışmadı ki piyasaya.
"Kimini sefil etti 39 harbi,
Kimini şair etti."
Beni de gazete tiryakisi.
Dadandık kahvelere ajans yüzünden,
Bir bardak ıhlamur bedeline
Yeni nizamdan demvuran yazılar okuduk
Düştük eli kalem tutup da
Eli silah tutmayanların peşine,
Cenk meydanlarını dolaştık.
Denizler geçtik, dağlar aştık,
Gün oldu kırıldı kanadımız,
Kaldık çöllerde.
Gün oldu, Urallar'dan vurup
Ulaşmak istedik Kızılelma'ya.
Yürüdük şehir şehir,
Bir de ne görelim,
Arpa boyu yol gitmişiz!
Düşenin dostu mu olur,
Zafer nerde, biz orda:
"Meserret"te kurtardık Sıvastopol'u,
"İkbal"de girdik Berlin'e,
Atikali Kahvesi'nde patladı
Atom bombası.
Pes dediler, bir yaz akşamı
Şehzadebaşı'nda Japonlar,
Çektik zafer bayrağını kapıya!

MISTABEY

Kaşın gözün mü oynuyor,
A Mıstabey,
Bana mı öyle geliyor?
Nevrin döndü, süzülüverdin.
Gözümüz yok,
İşlerin yolunda doğrusu,
Çıkmadı senin gibisi Safranbolu'dan
Bugüne bugün
İki fırın sahibisin,
Senin düşünmek neyine?
Haramiler mi çevirdi kervanını,
Gemilerin mi battı Karadeniz'de?
Hele bak,
Fiy yemiş güvercin gibisin.
Senin ne derdin olur, a Mıstabey,
Ceza kestilerse Çemberlitaş'taki fırına,
Hacı ne güne duruyor tezgâhta,
Bilirsin, postu vermez ele...
Hele düşündüğün şeye bak,
İpe çekmezler ya adamı
Ekmeğe kül karıştırdı diye;
Şükür bulduğumuza bu kadar...

Yoksa küreğin sapı yüzünden
Başı belâya mı girdi
Saraçhane'deki Rıza'nın?
Kolay değil fırın işletmesi
Cadde üstünde...
Kesersin bir karış küreğin ucundan
Olur biter...
Rıza mı çekecek eziyeti,
Çeksin kerata,
Şeytan azapta gerek...
Bunlar gelir geçer, Mıstabey,
Üzülmeye değmez.
Çok düşkündün havadise eskiden,
Kaçırmazdın ajansları...
Ne meydan muharebeleri vermedin,
Şu kahvenin ortasında,
Moskova'yı kaç kere fethettin.
Sana ne oldu bugünlerde
Radyoya kulak vermez oldun.
Seninkiler ne hale girmişler
Tası tarağı toplamışlar Bulgarya'dan
Bırakmışlar Varşova'yı geride,
Topyekûn kaçıyorlarmış!
Boş oturmamışlar Mıstabey
Ne fırınlar yapmış herifçioğulları,
Senin fırınlar haltetmiş yanında,
Kapısından girilir
Bacasından çıkılırmış...

Yaşamadı, Mıstabey,
Sana dokunmayan yılan
Bin yıl yaşamadı!
Ne o, dalıp gittin, Mıstabey,
Nargilen kül bağlamış!
Neden yorgunsun böyle,
Neden kulakların böyle düşük?
Boş durduğun yok anlaşılan!
Ne parçalar geldi geçti elinden
Bu karne çıkalı;
Sonunda düştün mü bu çirkefe?
Sen ne dersen de, Mıstabey,
Yaşın kemalini bulmuş,
Bu senin dişine göre değil!
Ama huy çıkar mı can çıkmayınca!
Sakar öküz titretirken kuyruğu
Varıp başucuna sormuşlar,
Nedir son sözün diye;
Derimi yüzün de demiş, atıverin
Sarı ineğin üstüne...
Biliriz, eski kulağı kesiklerdensin,
Ne söylesek fayda yok,
Arpadan olacak anlaşılan
Atın ölümü!

Hem düşün, Mıstabey,
Sen evli barklı adamsın,
Dile düştün mü Safranbolu'da
İki paralık olur itibarın!
Hani ahbapların ağzında
Bakla da ıslanmaz oldu.
İt değil ki kapatasın ekmekle
Şunun bunun çenesini.
Sözde ele vermişsin sakalı,
Doyurmuşsun gözünü
Kürkten bilezikten yana...
Şimdi de tutturmuş haspamız
Başımı sokacak ev isterim diye...
Tutkunsun, vereceksin ister istemez;
Gülü seven katlanır dikenine...
Ne yapalım,
Taş attın da kolun mu yoruldu,
Bağışla gitsin Fatih'tekini!
Amaaan, Mıstabey,
Bunlar kara kara düşünmeye değmez,
Tazelensin hele nargilen,
Bak keyfine!

SENİN NEYİN EKSİK?

Boyun bosun yerinde,
Omuzların adamakıllı geniş.
Uykusuz bırakır şu pazular
On sekizindeki kızı.
Kaç para eder,
Usta bir makastar elinden çıkma
Bir kat esvabın yok, çivide asılı,
Şöyle işten çıkınca giyecek;
Keyfince ısmarladığın
Bir çift ayakkabın yok!
Boşta mısın, hayır!
İşin ıvır zıvır iş mi?
Kim demiş!
On saat ayak üstünde
Dizlerine kara su iner.
Yaz demez, kış demez,
Savurursun balyozu
Kan ter içinde.
Bekârsın, delikanlısın,
Yıkanmış ütülenmiş iki gömleğin
Niçin olmasın?
Topkapılı'm, Tatar Ali'm,
Soyun Bitpazarı'nda,
Giyin Bitpazarı'nda!

SARIÇİZMELİ

A benim, bağrı taşlı,
Gözü yaşlı Mehmet Ağa'm!
Evin kimin evine yakındı,
Tarlan kimin tarlasına?
Senin karı sağdı o zamanlar,
Ağa'nın karısı ölmüş;
"İşte böyle Mehmet Ağa!"
Bir ipin, bir kuşağın mı kaldı,
Üstü açık köyün Mehmet Ağa'sı!
Nicesin,
İçgüveyisinden hallice mi?
Bilir misin neyin nesisin,
Efendimizsin, rivayete göre,
Çarıklı erkân-ı harbimizsin...
Kurnazlıkta yokmuş üstüne,
Tilki bilmezmiş bildiğini!
Nerelerde bulur seni arayan,
Bu yaz Çukurova'da mısın,
İncirde mi, üzümde mi,
Yoksa yeraltında mısın, Kozlu'da,
Karabük'te misin?
Sanma ki yitirdik izini,
Künyen kütüklerimizde kayıtlı,
Adın tahsildarın defterinde;
Kolay kolay kurtulamazsın elimizden!
Hoşsun, babacan adamsın,
Türküler düzeriz senin için,
Destanlar donatırız yüzünü görmeden,
Lâfını ederiz kürsülerde.
Sen de çıkarma bizi gönülden,
Bağrı taşlı,
Gözü yaşlı Mehmet Ağa'm.
Sarıçizmeli'm!

BİZ TAŞRA MEMURLARI

Kamyondan indiğim gün,
Tanıttılar kahve arkadaşlarımı,
İlk çayı kaymakamdan içtim,
İlk sigarayı tapucudan.
Pilavdan dönenin kaşığı kırılsın diye,
O akşam oynadık ilk prafayı,
Kapiği beş kuruştan.
Yemekten sonra çalındı
En güzel plâk şerefime!
Dert yanarken gazetelerden
Dört günlük diye en yenisi,
Almaz oluverdik elimize.
Bir kasabanın da bulunur kendine göre
Taze havadisi;
Akşama doğru,
Selâmi Efendi'yi dinle yetişir!
Çok geçmeden bizim de karıştı
Dedikoduya adımız
Benimde merhabasını kolladıklarım oluyor
Yer gösterip kahve ısmarladıklarım.
Bile bile yenildiğim de oluyor
Bizim muhasebeciye;
Maaşımız vilâyet bütçesinden,
Pamuk ipliğine bağlı mesken bedelimiz
Geçinmeye geldik!

Girince İhsan Efendi,
Şöyle bir doğrulacaksın ister istemez,
Biz seçmesek de mutemedimizdir.
Defter açmışız dükkânında,
O bilir tutarını maaşımızın,
Başkandır yüzde yüz bu seçimde,
Arkası dağ gibi kaymakama dayalı.
Kapı bir komşumuzdur,
Kurtarır bizim sokağı çamurdan,
Hiç olmazsa köşe başına
İki fener olsun astırır.
Kaymakam hoşsohbet adam,
İyi Bektaşî fıkraları bilir.
Hoşlanmasak da güldürür bizi,
Karışmaz girdisine çıktısına kimsenin,
Bayılır horoz dövüşüne.
Cami avlusunda kazanılmış,
Ne ünlü dövüşler biliriz!
Kendi havasında Burhan Bey,
Dayanamaz peynirli pideye;
Kimin yoğurdu kaymaklı,
Kimin yağı kekik kokar,
Ona sor!
İşinin ehli adamdır, severiz,
Esnafa yıkım olmadan,
Ayırır akla karayı...
Şunun şurasında kaç kişiyiz ki,
İşte geldik gidiyoruz,
Ne çıkar kötülükten!

Gördün mü sorgu hakimini,
Dünya umrunda değil,
Nesine gerek elin beş keçisi.
Piket tam meslek oyunu
Kim demiş dut yemiş bülbül diye
İşte çözüldü dilinin bağı,
Yüzlük kâğıt var elinde...
Bu kahvede geldi Bekir Efendi'nin
Emeklilik emri...
Çok iş var daha onda.
Kim ne derse desin, aznifte yok üstüne
Bayılır dört koluna bu oyunun.
Nargilenin marpucu bir elinde,
İşte öbüründe domino taşları.
Sor, eliyle koymuş gibi bilir,
Düşeş kimdedir...
Hele bak, bir domuzluğu var,
Hem dübeşe yirmi beş yazdıracak.
Hem bağlayacak dört başı.
Kolayına mı usta oldu
Tavlada ormancımız;
Altınla ödedi her pulunu teker teker,
Kendi kapısından iyi bilir,
Se-yek kapısını.
Plâka tutmasına
Hesab-ı cariden fazla yatar aklı
Banka müdürünün.
Hani veznedar da yabana atılmaz
Bakma para sayarken,
İkide bir süngere yapıştığına,
Sen hüneri kâğıt düzerken gör!..

Kahveden yönetir nüfusçumuz
Doğumla ölümü.
Can ciğerdir doktorla;
Şüphelidir yediklerinin ayrı gittiği.
Başkâtibin çayı kıtlamadır,
Kaymakamın gözünün önünde,
Çay bardağında çeker konyağı,
Yudum yudum çaktırmadan;
Küçük yer, söz olur!
Hacizde olsa gerek icracı,
Bugün de bulunmadı yoklamada,
Hesabına çek iki çizgi daha,
Kaldırır.
Köylere çıkmış olacak,
Havalar da soğudu,
Hayvanı çift heybelidir,
Benzinsiz çıkılmaz yola.
Hele dönsün, bir âlem yaparız
Komutanın evinde;
Yeni plâklarımız da var.
Heybeler boş dönecek değil ya,
Kızarmış iki tavuk olsun bulunur,
Arpalıktan dönüyor!

GEÇ, AZİZİM, GEÇ!..

Biz de yaşarız, azizim,
Yaşamaya gelince, biz de yaşarız ama,
Olmuyor cebimizden kattığımızla eğlenmek,
Gönlümüzden katalım,
Varlıklı kişileriz neşeden yana.
Pazarımız hoş mu geçecek,
Şart değil Büyükada, Heybeli;
Çok bile gelir kayığı Hristo'nun:
Sekiz arşın iki karış,
Kız gibi Cibali yapısı.
Bir işaretimize bakar
Çıkmazsa balığa, alesta,
Aylardan temmuz, günlerden pazar;
Yenikapı açıklarındayız...
Bırakın Hasan geçsin küreğe,
Utandırmaz bu kollar sahibini.
Kabarmaz bu avuçlar
On ikisinden beri nasırlıdır.
Fazla külfet istemez,
Bol sigaramız olsun,
Köfte, ekmek, domates yeter.
Karımız, sevgilimiz yanımızda,
Başaltında şarap testisi...

Dedik ya bugün pazar
Belki bir genç arkadaşı
"İlk defa güneşe çıkardılar",
İsteriz bütün dostlar aramızda olsun;
Kiminin Hanya'dan gelir selâmı,
Kiminin Konya'dan.
Sandalımız geniş değil, ne çare,
Gönlümüz kadar.
Ne yapalım, bol şarabımız var ya,
Onların sağlığına içecek;
Gün ola harman ola!..
Anlarız biz de bu işlerden,
Elimiz değdi de okşamadık mı,
Şu "pür hayal" saçları?
Kim istemez "yâr"i uyutmasını "sine"de
Batan güne karşı,
"Bâde" içmesini "yâr eli"nden?
Gözü kör olsun feleğin,
Gelecekten umudumuzu kesmedik,
İçimiz öylesine ferah...
Son kadehlere doğru sorsun,
Sesi en güzelimiz bizden:
"Gam, keder ne imiş?"
Yontulmamış sesimizle cevabı hazır:
"Geç, azizim, geç!"

BİZİM KASABAMIZ

Ortasındayız memleketin,
Uzak değiliz Ankara'dan
Yakınız yakın olmasına;
Gelen olmaz,
Halimizi gören olmaz.
Asfaltmış yolları boydan boya,
Lâmbalar yanarmış dizi dizi.
Büyük lâflar eden
Büyük adamları varmış.
Dayalı döşeli apartmanlarında
Seçme insanlar yaşarmış,
Yaşarmış yaşamasına.
Ama sokaklarında bizim kasabanın
İdare lâmbası yanmaz,
Göz gözü görmez, tozdan dumandan.
Oysa ki belediyemiz vardır,
Kavga dövüş seçtiğimiz
Belediyesinde meclisimiz vardır,
Vardır var olmasına.

Kerpiçtir evlerimiz,
Yatarız ahır sekisinde
Bir yanımızda karımız, çocuğumuz,
Bir yanımızda çiftimiz, çubuğumuz.
Tezek yakarız odun yerine;
Sac üstünde saman yakarız,
Gaz yerine.
Düğün olur, dernek olur,
Kâzım'ın gırnatasında aynı hava:
"Ankara'nın taşına bak"...
Bir toprağımız vardır bize dost,
İki ağız buğday verir,
Ama ne buğday
Ambarlar almaz, gömeriz.
Yıl olur tohumluk kalmaz elimizde,
Tarla gider, tapu gider.
Uğraş, didin altımızda hasır yok,
Sen gel de işin çık içinden:
"Tarla mı kesekli, biz mi kaçamıyok?"
Fakılı'ya tren gelir Kayseri'den,
Biner gider işsiz kalan köylümüz.
Bulgur gider, pekmez gider elimizden,
Ankara'dan emir gelir,
Nutuk gelir.
"Nevurek, hemşerim, nevurek.
Ağlayak da gözden mi olak,
Dövünek de dizden mi olak."

BİRAZ DAHA SABIR

Gözünü yıldırmasın kara kış
Altında sağlamca yatağın,
Hastanede sıran var.
Ne kaldı ki şurada,
Ekim, kasım, derken aralık
Sabrın tükenmezse eğer,
Heybeli'desin bahara doğru.
Bilirsin can boğazdan gelir,
Senin neyine şu bakır mangal,
çıksın Çadırcılar'a...
Bilmem işine yarar mı artık,
Şu duvardaki palto,
Yok işte çalışmaya dermanın!
Hele otursun şu barış yerine,
Sık dişini!
Her şey düzelecek yakında,
Her şey yoluna girecek;
Doktor kapına gelecek,
İlaçlar ayağına.
Bakma kesildiğine terkosun
Şerbet akacak çeşmelerden!
Bu sıcağa kar mı dayanır,
Dirilirsin bayrama varmadan,
Kalkarsın ayağa.
Sıtmalı kızının
Doya doya öpersin yanaklarını.
Biraz daha sabır, aslanım,
Biraz daha sabır!

SANATORYUMDA

Bir doktor konferans verdi

Kesildi tıknefeslerin soluması,
Yitirdi hızını
Ciğerleri zorlayan öksürük...
Ak gömlekli hekim kürsüde...
İlacın ve ekmeğin esirgediğini
İki çift sözle yapacak:
"Evet..." diyor, ak gömlekli hekim,
"Elinizdedir sizin yaşamak...
Kırılmasın cesaretiniz!"
Biliriz, nasıl yaşanır karşı adalarda
Su içer gibi, kendiliğinden;
Onların da elindedir yaşamak...
Söylüyor ak gömlekli hekim:
"Yorulma yok, çalışma yok!"
Ateşçi Dursun'a bakıyorum,
Gözüm kayıyor Balıkçı Niyazi'ye:
Gırgıra asılmak yok demek, boylu boylu,
Şabla'daki Reiz'de kulaklar,
Donmuş istika halatı avuçta,
Mola etmek yok demek, 220 kulacı.

Gözlerde haftalık uyku,
Torik yataklarına olta salmak yok.
Söyleniyor kürsüden:
"Temiz havada, açık havada,
Güneş altında değil!"
Beşiktaşlı sandalcıda gözlerim,
Düşüverdi kırçıl başı önüne;
Tam yedi yıl suç işlemiş demek.
Karıştı çehresi Rıza'nın,
Anasının alın teri döktüğü bostana
Korkuluk da olamaz, biliyor.
"Vaktinde yiyeceksiniz!" diyor kürsüden,
"Hem de çeşitli yiyeceksiniz;
Tatlı eksik olmasın sofranızdan!"
38 ateşte Nizami Efendi'nin
Açılıverdi iştahı, yutkunuyor,
Derken unutuverdi bîçare
Yarım saattir tuttuğunu,
Öksürüyor boğulurcasına.
Bize yüklüyor suçu, ak gömleklim:
"Har vurup harman savurdunuz sağlığınızı,
Geç vakitlere kadar oturdunuz, içtiniz,
Kiminiz pokerde, kiminiz barda..."
Sorumuz var ak gömlekli hekimden
Beykozlu ha doğruldu, ha doğrulacak,
Tütün deposundan Ali kımıldanıyor.
Düşünüyor buhar kazanını
Kauçuk kaynakçısı Osman,
Dönsün mü, işbaşına?
Hayır, kimse bir şey soracak değil,
Geçirmişiz zamanını.

Nefes aldı ak gömlekli hekim,
Sonunu tatlıya bağlayacak;
Adamakla mal mı tükenir:
"Hepiniz kurtulacaksınız, çocuklar,
Döneceksiniz kanlı canlı evinize.
Gençleriniz asker olacak,
Doğacak nur topu çocuklarınız.
Kiminiz tarlasına dönecek,
Kiminiz tezgâhına.
Sanmayın şifası yok bu hastalığın,
Tıbbın elinden ne kurtulur."
Biliyoruz, kurtuluş yok...
Yine de kesmiş değiliz umudu
Atomu darmadağın eden zekâdan.
İniyor ak gömlekli hekim kürsüden
Alkışlanır böyle vaad edenler,
Biz sade öksürüyoruz.

GECE NÖBETİ

Daha bu aybaşında giydi
Beyaz gömleği;
Bekliyor ağır hastasını tek yataklıda.
Sabahı bulmaz bu nöbet;
Ha kesildi, ha kesilecek nefesi,
Nabız yüksek.
Belki gece yarısında biter bu sayıklama
Belki kuşluğa dayanır.
İşte gözler kaydı bir yana,
Dudaklarsa aralık.
Soymalı hastalar uyanmadan,
Teslim etmeli imama.
Peki, ama bu titreme neden?
İnsanın dirisini sever Recep
Korkar ölüsünden.

BURUNSUZUN OĞLU

Ya havasından, ya suyundan,
Cideli değil mi, doğma büyüme,
Yatsa yatsa frengiden yatar.
Ne ateş, ne baş ağrısı,
Akıl sır ermez bu hastalığa.
Başka sıkıntısı da yok
İğne bir yana.
Uçkur çözmedim, diyor harama,
Kendimi bildim bileli;
Kanı sulanırmış bu aylarda adamın,
Karpuz mevsimi.

DOĞUM KOĞUŞUNDAN ÇIKIŞ

Rukiye'nin saçları dağınık,
Yanakları boyasız,
Kanı çekilmiş dudaklarının.
Kıvranıyor muşamba masada,
Bu sancı, başka sancıdır,
Bu çığlık, başka çığlık.
Candan can ayrıldı işte,
Verdi dördüncü meyvasını Rukiye.
Belki bir tütün işçisi kazandı Beşiktaş,
Belki bir yosmacık daha, Beyoğlu.
Kim sevmez ki yavrusunu,
Kuşa bak, kurda bak,
Nasıl sevmesin Rukiye.
Haseki'nin sıcaktır odaları,
Dışarda kar yağar, kime ne,
Yataklarda çift yatılır, zararı yok,
Ispanak verilir sade suya,
Bu da mı tasa!

En kötüsü haftayı geçmez misafirlik,
Bir sabah bakarsın ki çocuk kucağında
Taburcusun!
Kar yağar buram buram
Üç çocuk bakar yollara,
Anan kendinden geçmiş Rukiye'm,
Kocan... Bırak şu hayırsızı!
Haseki yolları Arnavut kaldırımı
Arabada gidenler düşünsün,
Kumkapı'ya yayan gidilir, yayan!
Üşütmeye gelmez,
Bilirsin ki kırk gün açıktır,
Lohusanın mezarı.
Emziklisin, kaynamalı tencere,
Nasıl dayanırsın Rukiye'm,
Hazıra dağlar dayanmaz.
Hele bak şu kör kısmete,
Tutmuş da çocuktan açılmış!
Ne yapmalı bu vakitsiz geleni,
Bir kısır zengin karısına,
Evlatlık mı vermeli dersin,
Yoksa tütündeki işten mi olmalı?
Geçer yangın yerinden
Kenar mahalle yolları,
Yufka olur anaların yüreği,
Taş olur zemheride sular,
Kan donar, yürek donar,
Köpekler ulur yangın yerinde
Ya açlıktan, ya soğuktan,
Bırakma kucağındakini, Rukiye'm,
Bu kar suçunu kapatmaz!

KUŞ MİSALİ

I

Ortada hesap yanlışlığı yok,
Yavrumuz vakitsiz doğdu:
Tam sekiz aylık.
Bilmem ne vardı acele edecek?
Sekiz aylık çocuk yaşamazmış,
Bunu da bizim gibiler söylüyor;
Belki yaşadığı evler bulunur,
Zor yaşar bunun dokuz aylıkları
Bizim buralarda.
Ne yapalım, yetmezse ömürcüğü,
Daha bir tane var geride.
Onu büyütürüz ister istemez.
O da bizim kadar düşünceli
Memnun görünmüyor gelenden.
Bilse hiç üzülmeyecek;
Söylemeye dili varmıyor ebenin
-Evlattır ne de olsa-
Misafire benziyor, yazık.
İş, erken doğmakta değil,
Gelmişken yaşamakta...
Eziyet bize yaptığı,
Hazırlayınca çekip gidecek,
Bezini muşambasını.
Kolayına ısınmıyor odamız,
Buz kesiliyor elleri, ayakları;
Sıcak şişeler mi koymalı dersin,
Pamuklara mı sarmalı?
Akşama sabaha yolcudur.
Artık annesini de istemez oldu,
Minneti kalmadı kimseye.

II

Sekiz aylık çocuk bu kadar yaşarmış,
Dört gün yaşadı.
Çok bilmiş insanlar gibi
Gitti sabaha karşı...
Haber verince bekçiye,
Soruldu ekmek karnesi.
Doğuma bakarak,
Yerinde buldular ölümü
Hemen izin çıktı gömülmesine.
Dört gündür, soğuktan,
Su yüzü görmeyen yavrumuz,
Geleneğe uygun yıkandı.
Çıkarken kucakta
Bulamadı beklenen gözyaşını.
Çocuklar düştü arkamıza,
Yüzü kirli çocuklar...
Dört yanımı saranlara,
Su dökenlere, yasin okuyanlara
Dağıttım son meteliğe kadar.
Ayın sonunda gitti en kötüsü,
Kaldı ebenin parası aybaşına.
Vakitsiz doğduğu gibi,
Bildi vakitsiz ölmesini yavrucak,
Gitti kuş misali!

OĞLUM

I

Ben de düşkündüm oyuna,
Ben de kumları avuçlar
Kazardım tırnaklarımla toprağı.
O zaman da çocuklar oynardı,
Ama benzemiyor bütün oyunlarımız.
Gezdirdim ceplerimde şıkır şıkır
Deniz kokulu taşları,
En güzellerini topladım
Midye kabuklarının.
Saldım bahar rüzgârına
Uçurtmaların en süslüsünü.
Ne kurulunca koşan tramvaylarım vardı,
Ne çekince giden develerim.
Balıklarımızı tanırdım,
Adlarını bilirdim kuşların;
Seçerdim düdüğünden
Limanımıza uğrayan vapurları.

Bilirdim yanık yüzlü kaptanlarını
Denizkızı'nın Selâmet'in;
Ben de ayırırdım onlar kadar
Poyrazı karayelden.
Gemiler tanıdım, çift direkli,
Tutmazsa rüzgârı
Açıklarımızda volta vuran gemiler.
Kızardım, limanımızı hiçe sayan
Pake'lere Nemse'lere;
Dalar da silinen dumanlarına
Düşünürdüm uzak limanları,
Uzak limanların çocuklarını.
Senin de var ufak tefek
Kendine göre bildiklerin;
Çeşitli oyuncakların yoksa da
Bir saniyede tren yapacak kadar
Kibrit kutularını,
Tecrüben var benden fazla.
Benden üstünsün kuşkusuz,
Sigaradan top,
Kutusundan tank,
Kâğıtlardan uçak yapmada!

II

Sen büyük şehirlerin çocuğusun,
Kıyıda köşede büyümedin bizim gibi.
Daha bu yaşta
Tramvaylar, köprüler gördün,
Trenlerde yolculuk ettin,
İndin büyük istasyonlara;
Görgüne sözüm yok.
Ama bakıyorum, rahat değil çocukluğun,
Arabalar yolunu kesiyor,
Tele takılıyor uçurtman.
Akarsuların, tepelerin yok.
Var mı tarlan, yer çilekleri toplayacak,
Böğürtlenlerini otlara dizecek,
Çalılıkların var mı?
Nerelerde gezdireyim,
Hangi çocuk bahçesine götüreyim seni?
İşe gittiğimiz günler,
Yolumuzu gözlüyorsun
Her gün ayrı bir komşunun penceresinden.
Kiminin çöreğini yedin,
Kiminin azarını.
Güzel havalarda arsaya bırakırız,
Bıraktığımız gibi bulmayız seni.

Şu koskoca memlekette,
Yeni vurgunlar bekleyen
Arsalardan başka oyun yeri yok sana;
Büyük şehirlere yakışır
Çocuk bahçeleri yok.
Hangi yurda bırakayım da
Küfürsüz oyunlar öğrenesin,
Hangi hemşirenin ninnisiyle
Yatasın öğle uykusuna.
Hangi okulda yetiştireyim seni,
İstediğim gibi?

III

Hiç de meraklı değilsin çiçeğe,
Komşunun saksısını sen kuruttun,
Kopardın penceresindeki gülünü.
Bir sonuç mu çıkarayım bundan
Yeşilliğe düşman diye bizim çocuk?
Gelgelelim öyle düşkünsün ki
Göbekli marullarına Yedikule'nin;
Mevsiminde elinden düşmüyor
Elma gibi domatesler;
Tavşan kadar seviyorsun havucu.
Ben de tutkunum senin gibi
Bursa şeftalisine, Ereğli çileğine,
Sanma soyca hoşlanmıyoruz çiçekten;
Güle değil,
Gül düşkünlerine bizim hıncımız.
Biz de gördük haşhaş tarlasını,
Gelincik sanmadık.
Ilgazlar'da topladık çiğdemi,
Edirne'nin gülünü Edirne'de.
Engel olmaz bu bilgimiz
Sümbülden çok sevmemize yeşil soğanı.

Yaşamak için iştahını artıracak
Şiirler vereceğim sana,
Ne istersen bulacaksın içinde
Bu toprakla ilgili:
Portakallarını göreceksin Dörtyol'un,
Mersin silolarında bitlenen
Altın sarısı buğdayları,
Turfandadır diye el süremediğimiz
Çavuşları, kınalıyapıncakları,
Bağı sorulmadan yenilen
Memleket üzümlerini, salkım salkım.

IV

Seni saksıda gül yetiştirir gibi
Yetiştirmedik, tek başına,
Bir limonlukta büyütmedik seni.
Kırağı çalmaz diye acı patlıcanı
Salıverdik sokağa;
Düşecektin eninde sonunda.
İlk günlerde çok hırlaştınız,
Sonra sokuldunuz birbirinize,
Kaynaştınız karıncalar gibi.
Büyümedin bir dadının dizleri dibinde,
Kucaklarında sütninelerin.
Ne Kafdağı'ndaki peri kızlarına tutuldun,
Ne kurtarmayı düşündün
Şehzadeyi, devler elinden.
Tanımadan Keloğlan'ı
Düştün macuncunun arkasına,
Dolaştın mahalleyi.
Yağmurlu bir günde tanıdın
Göl tutarken bekçinin oğlunu,
Recep'le taşladınız
Atkestanesini, cami avlusunda,
Attınız Emin'le, kedi yavrusunu,
Kireç kuyusuna.

Bunlar mahallemizin çocukları;
Henüz bilmiyorsun,
El tarlasında koza döşürürken anası
Sıtma nöbetleri geçirenleri,
Kuzularla doğup
Çoban köpekleriyle büyüyenleri,
İki gözünde heybenin
Çeltiğe giden Yeşilırmak döllerini.
Bilmiyorsun,
Benzi tütün yaprağından soluk
Çocuklarını Sakarya'nın.
Demirindensiniz aynı bıçağın,
İlerde kucaklaşacaksınız, nasıl olsa;
Hazır olsun kalbin onları sevmeye
Daha şimdiden!

UYUSUN DA BÜYÜSÜN

Tüketme nefesimi, maviş kızım,
Bildiğin Türkçe kıt gelir masallarıma.
Sözden sazdan anlamazsın,
Kuştan, yapraktan haberin yok.
Biz yaşlılar neler de bilmeyiz,
Hele sen belle dilimizi.
Biliriz de güzel güzel lâf etmesini,
Çekiniriz konuşmaktan;
Yazmasını bilir, yazamayız.
Üzme beni, yum gözlerini,
Uyutacak ninnilerim yok.
Türküler mi istersin benden,
Bağrı yanık memleket türküleri,
Ne arasın bizde o ses.
Islıkla söylenir
Kaçak şarkılar mı istersin;
Bunlar size gelmez
Uykusunu kaçırır çocukların.
Sana hazır ninniler söylesem
Bahçeye kurdum, desem, salıncak,
İnanır mısın?
Ne bahçe var, ne beşik...
Bir arabacık da mı istemezdi şu asfalt?
Yorganın, yatağın iğreti,
Doğdun doğalı, ne oyun gördün,
Ne oyuncak!
Uyu benim maviş kızım.
Dem geçecek, devran geçecek,
Keloğlan murada erecek,
Sökülecek Hasbahçe'nin çitleri
Ağlayan nar gülecek!

PARMAKLIĞIN ÖTESİNDEN

I

İnsanları alabildiğine sevmeyi,
Bırakmazlar yanına.
Böyle çekersin cezasını
Üç duvar bir kapı arasında;
Onlardan ayrı
Böyle onlardan uzak.
Yasak sana, boylu boyunca sokaklar,
Bahçeler, yalı kahveleri.
Dostlara şimdi mektup değil,
Bir selâm yasak!
Kapılar demir sürgülü, çifte kilitli,
Kapalı, hürriyete giden yollar;
İçerdeki içerde mahzun,
Dışardaki dışarda.
Burada her şey sade:
Ekmek ve su, düşünceler...

Emirler çeşitli:
Kapıda kilit, emir,
Uzakta düdük, emir,
Emir, dışarda dikilen nöbetçi.
Hürriyeti çoktan unuttum,
O yemyeşil masalların kızıdır
Eskiden sevilmiş.
Bir ince hastalıktır olsa olsa,
O şimdi ciğerlerimde.
Şu pencereye verdim kendimi,
Bütün üzüntülere karşılık,
Boğaz'ın suları üzerinden
Karşı sırtlara açılmış pencereye.
Üsküdar'ı bilmezdim eskiden,
Burada ısınıverdi kanım.
Vurgunum şu Kızkulesi'ne;
Ne de şirin görünüyor
Uzaktan Karacaahmet;
Hiç de söyledikleri gibi değil,
Bana düşündürmüyor ölümü.

II

Şu sefer bayrağını çekmiş vapur
Bizim Karadeniz'e gider.
Beni alıp götürmese de,
Alır, düşüncemi çocukluğuma götürür,
Çocukluğumun memleketine.
Kıyıcığında doğmuşum Kastamonu'nun
Fener fener bilirim Karadeniz'i.
Kahrını çekmişim yıldızının, poyrazının,
Ecel terleri dökmüşüm karayelinde.
Kim bilir ne haldedir,
Benim frengisiyle meşhur memleketim,
Şimdi ne halde?
Ekmekleri mısır bazlaması mı,
Bulgurlu mancar mı hâlâ bayram yemekleri?
Çok sıkıntı çektik Seferberlik'te,
Çok mısır koçanı yedik, vesikalı;
Bu sefer de vesikasız yemişler,
Gazsız, sabunsuz kalmışlar.
Kim gider, kim sorar hallerini?
Bilirim ne vapurun büyükleri uğrar,
Ne insanların büyükleri;
Memurlar gelir ufak tefek,
Büyüyünce giderler.
Balıklardan bile hamsiler vurur,
Vursa vursa karaya.

III

Bizim de bir çift sözümüz vardı
Nar çiçeği, gül dalı üstüne,
Dudaklarımızda kaldı.
Göremedik sıkıntısız yaşandığını,
Rahatın şiirini yazamadık.
Ne kadar uzak
Heveslerimle içli dışlı yaşamak,
Üzmek hastalıklı şiirlerle
Eşimi, dostumu;
Mezar taşları kadar, ölçülü
Beyitler düzmek boy boy.
İçliyimdir herkes kadar,
Düşündürür beni de şu gökyüzü,
Kuş cıvıltısı, nar çiçeği...
Geçtik bir kalem üzerinden.
Huyumdan ettiniz, Cibali kızları,
Sekiz düdüğünden önce
Penceremin altından geçenler.
Saçları dağınık, gözleri uykulu,
Çoraba, tütüne gidenler,
Beni huyumdan ettiniz!
Yorgun gözlerinizdeki acıyı
Dert edindim kendime.
Saçlarını tezgâhına yolduranları,
Sıtma gebesi tazeleri görmeseydim,
Boşuna harcayacaktım sevgimi.

Şimdi şu parmaklığın ötesinde kaldı
Bütün çalışanlar;
Teker teker sökülmüşüz toprağımızdan,
Havamızdan, suyumuzdan olmuşuz.
Yaşamaktayız aynı çatının altında
Daha mahzun, daha hesaplı.
Rahat günlerin işçisi olacaktık,
Rahat günlerin şairi:
Bir çift sözümüz vardı
Nar çiçeği, gül dalı üstüne,
Dudaklarımızda kaldı!

ZİYARET GÜNÜ NOTLARI

I

Bugün başlıyor asıl çilesi,
Namus yüzünden on beş yıl giyen
Beşiktaşlı Ragıp'ın.
Bugün tuttu Adana'nın yolunu
İki çocuklu karısı;
Seyhan Bar'a kontratlı gidiyor.
Kaşlar alındı, saçlar boyandı.
Roplar dikildi modaya uygun,
İki çocuk bırakıldı komşuya.
Nedir ki masrafı ikisinin,
Kazan kazan ver postaya,
Altına döndü Çukurova'da başaklar.
Parmaklığa dayamış alnını Ragıp'ım
Bekliyor karısını orta koğuşta
Olandan bitenden habersiz.

II

Öğretmeni tanımadan
Öğrendi polisi, jandarmayı,
Koltuğunda babasının çamaşır paketi,
Koynunda köylü sigarası, üç paket,
Bu da kendi armağanı.
Ayıplasalar da mahallede yeridir
Böyle taşınmasını cezaevine,
Parmak kadar çocuğun.
Komşuya düşer dedikodusu elbet
Kitap yüzünden yatanın;
Böylesi hiç geçer mi gazeteye,
Yıl 1944.
Babasına bakarsan oralı değil,
Varsın diyor, su yolunda kırılsın
Bizim su testisi!

III

Güngörmüş oğlan şu Fikri,
Bilir nasıl karşılanır
3 numaradan Adalet.
Ne çıkar üstte yok, başta yoksa,
Konyalı'nın ceketi yenicedir,
Temel'in pabuçları biçimli.
Uğursuz derler Fatihli'nin boyun bağına,
-Bir ayda üç hüküm yedi-
Böyle günde takılır elbet,
Açar çiçek gibi adamı.
Güler yüz, tatlı dil Fikri'den,
At elin, eyer emanet.

IV

Üç kuruş, beş kuruş
Harçlık gelir dışardan,
Eşten, dosttan, akrabadan.
Yalnız Necati içerden çıkarır
Genç karısının ekmek parasını.
Kalmadı elde avuçta,
Buraya düştü düşeli,
Bir gençliği kaldı para eder.
Şöyle her ziyaret sonu
Beş liracık sıkıştırır eline;
Her seferinde mahcup,
Her seferinde kendinden iğrenir.

V

Ters yüzüne çevirdiler kapıdan
Tütündeki Şevkiye'yi.
Sarılacak kocasının boynuna
Neler anlatacaktı, neler!
Şimdi düşünüyor kara kara:
"İhtilattan men" de ne demek?
Gitti havaya gündelik,
Bir de gelip görmemek!

AYRILIK VAR BİR YANDAN

Tam mapushane işi bu resimler,
Şu baldıra, bacağa bak!
Nevyork'tan mı gelir bunlar, Londra'dan mı?
Cilveliye benziyor şu sarışın
Sebepsiz açışından belli göğsünü,
Kes de yapıştır başucuna.
İsterse rahatlık vermesin
Kör şeytan, ot yatağında.
Şu karabiber
Cambazhanede çalışır mutlak,
Yay gibi bacakları var,
Altındaki yazı okunmasa da
Anlamı açık şu kalçaların,
Gözlerinden anlar arif olan
Malın gözü bu belli.
Ayrılık var anam babam, ayrılık,
Mahpusluk da ne kelime!
Çok namussuz adam, şu Rüstem Bey,
Uykusu kaçtığı geceler,
Çarpar insanı anlattıkları.
Ne anan, ne bacın çalışır fabrikasında,
Gene de kanına dokunur sözleri.

Kaçını baştan çıkarmış,
Sonra kaçına yol vermiş, söz olur diye.
Mahpusluktan ne çıkar, anam babam,
Ayrılık olmasaydı.
Nerde, adları değil de, gazeteye,
Sayıları geçenler,
Polislerin önünde turna dizisi
Karakoldan karakola gezenler;
Bellidir muayene neticesi:
36'dan 28'i hasta.
Nerde o, 28'lerin en güzeli,
Üç yıldır mapushane köşelerinde
Sevdasından önce frengisini çektiğin!

İÇELİM!

İşte bir aradayız!
Sağlığından haber beklediklerimiz yanımızda,
Ve aramızda uzun zamandır
Yüzünü görmediklerimiz!
Kimimiz mahpustan dönmüşüz
Kimimiz sürgünden!
Bu akşam keyfimiz yerinde,
Günlük dertlerimizden sıyrılmışız,
Nasıl kazanıldığını unutmuşuz paranın
Elimiz o kadar açık;
Harcayalım neşemiz için!
İyisi gelsin şarabın,
Yüklü olsun mezeler!
Nöbetçisiz geçiyor akşamımız demek,
Kilitsiz, demir parmaklıksız;
İstersek burda keser konuşmamızı,
Çıkarız kol kola, kelepçesiz.
Dolaşırız canımızın çektiği sokakta.
Özlemini çekmişiz uzun zaman
Dostların ve aydınlığın.
Duymuşuz her çeşit yalnızlığı
Tek başımıza.

İki çift lâf etmenin karşılıklı,
Ne demek olduğunu öğrenmişiz.
Konuşalım,
Bir suç olduğunu bilerek her sözümüzün.
Güzel günlerin yaklaştığını söyleyelim,
Dört yanımızı kollayarak.
Ne olacak, bilir miyiz birazdan?
Belki hesabı sorulacak neşemizin.
Kaldıralım son kadehleri,
Ayrılalım arkadaşlar,
Ayrılırken öpüşelim!

BU DA BİR ÖZGÜRLÜK ŞİİRİ

1944 yılındasın yanlışın yok,
Kıştı girdiğin, temmuz ortasındasın.
Emirle de olsa açıldı ya
İşte demir kapılar ardına kadar,
Dışardasın!

Tepende ne zamandır unuttuğun güneş,
Liman bildiğin gibi yerli yerinde
Hazır Karadeniz seferine şu vapur,
Şu mavna Haliç'ten geliyor.
Poyrazdır bir uçtan bir uca esen
Çekebilirsin ciğerlerine!
Bu ses fren gıcırtısıdır,
Durdu Beşiktaş tramvayı durakta.
Gidemezsin elinde değil;
Emrindesin insanı hiçe sayanların.
Bir liseli talebeyle vurulu bileklerin
Kırk mahkûmun sürüklediği zincire.
Tek suçunuz hür insanlar gibi konuşmak,
Kitaplar suç ortağınız!
1944 yılındasın yanlışın yok,
Doğrudur dağıldığı esir pazarlarının,
Tek forsa kalmadı kalyonlara çakılı,
Roma sirklerinde atılmıyor köleler
Aç aslanların ağzına,
Çoktan yerle bir ettiler Bastil'i
Kenar mahlleliler.

Özgürlük şarkısıdır söylenen Volga boylarında.
Ne Taif'tesin, ne Magosa zindanında
Yalnız namı kalmıştır kaleme alanın
"Vatan Kasidesi"ni.
Seviyoruz her zamandan fazla Fikret'i
Yeni anlaşıldı manâsı "Millet Şarkısı"nın,
Aynı "Sis"tir memleketin üzerindeki.
Bugün de vaktinde çıktı gazeteler
Geçti ilk sayfalara Beşiktaş cinayeti;
Ismarlama yazıları üstât kalemlerin
Taksim'deki ziyafetten resimler...
Çeyrek saat uzaktasın çok değil,
O meşhur Babıali'den.
Tek satır yok sayfalarda
Bu zincirleme tutsaklık üstüne.
Çekildi dış kapıdan demir sürgüler,
Tuttu süngülüler yolları
Topyekûn himayesindeyiz zincirlerin.(*)

---

* Almanlar'la siyasi münasebetlerin kesildiği günlerde, cezaevini boşaltmak için vakitli vakitsiz koğuşlarımızdan çıkarılıyor, cezaevinin daracık bahçesinde itile kakıla sıraya sokuluyorduk. Çift sıra dizilen mahkûmların arasına uzun bir zincir uzatılıyor; birinci sıradakiler sağ, ikinci sıradakiler sol bileklerinden bu zincire bağlı kelepçelere vuruluyordu. Bu suretle birbirine bağlanmış kırk-altmış kişilik kafileler, süngülülerin denetimi altında sokaklardan geçirilerek teşhir ediliyordu. Disipline riayet etmeyenleri, cezaevi müdürünün vurmaya selâhiyeti olduğu, günlük emir olarak okunmuştu. İşin en garip tarafı, bu zincirleme kafileler komutanları, tutuklu bulunan Turancı subaylardandı.

Devam
(1953)

BİLSEM Kİ

Bu ayaklar benden hesap soracak,
Bir düşüncenin peşinde dolaştırdım
Sokak sokak.
Bu baş, bu eğilmez baş da öyle...
Bazı sarhoş, bazı yorgun
Her zaman bir yastığa hasret!
Bu ciğer de hesap soracak,
Esirgedim, güneşini, havasını.
Bu ağız, bu dişler, bu mide...
Ne ikram edebildim ki bol keseden!
Bu bilekler de hesap soracak,
Göz yumdum çektikleri eziyete.
Bilsem ki kimsenin parmağı yok
Bu sürüp giden işkencede;
Kılım bile kıpırdamadan bir sabah
Çekerdim darağacına kendimi,
Bilsem ki suç bende!..

DIŞARDA

Oktay Deniz'e

Dışarda gelin havası
Çengi cümbüş, yer gök ayakta.
Yeryüzü ağardı ağaracak.

Ooooh... Dünya varmış dışarda!

ŞİİRDE

A. Kadir'e

Önce şiirde sevdim kavgayı
Özgürlüğü kelime kelime şiirde.
Mısra mısra sevdim yaşamayı,
Öfkeyi de, sevinci de...
Senin ışıklı günlerin,
Benim iyimser dostlarım
Hepsi hepsi şiirde.
Ne varsa yitirdiğim...
Bütün bulduklarım şiirde.
Kafiyeden önce gelen
Sevgilerimiz mi sade,
Sürgün de var
Hapis de.

AMAN DİKKAT!

Budur başta gelen işin,
Aman dikkat Araboğlu:
Akşam soyun, sabah giyin!
Vazgeç de yatak derdinden
Kıvrılıver bir köşeye,
Neyine gerek suyla sabun
Sabah giyin,
Akşam soyun!
Zenginlikte gözün mü var,
Bu da elindedir senin.
Artsa artsa dişten artar,
Nedir boğazına düşkünlük
Hem de böyle iki öğün.
Bir şey bekleme işinden
Sabah giyin,
Akşam soyun!
Biri vurup da ağzından
Almak isterse lokmanı,
Daha önce sen ikram et!
Ne işinden, ne gücünden,
Ne gününden, ne gecenden,
Sana düşmez şikâyet.
Aç gözünü Araboğlu
Akşam soyun,
Sabah giyin!
Aman bozulmasın oyun:
Soyun giyin,
Giyin soyun!

UYUSANA!

Tezgâhın düzenin yolunda
Ninni benim kıllı bebeğim!
Kapat artık şu radyoyu,
Çek yorganı başına
Uyu!
Üçüncünün attın temelini
Örttün kiremidini ikincinin.
Uzan boylu boyunca
Eeeeeh yolunda işlerin!
Tiftiği çıkardın elinden
Uydurdun kitabına yumurtayı
Sana ne Fas'tan, Cezayir'den
Kurcalama şu radyoyu!
Aç değil, açık değilsin,
Ağrın yok, sızın yok,
Maşallah domuz gibisin!
Her şeyin yerli yerinde,
Ambarın ardiyen tamam.
Nedir kaçıran uykunu,
Uyu be mübarek adam!
Ne dönersin iki yana,
Kulübü de çektin üstelik
Uyusana!

TAŞ MI YESİN!

Sait Faik'e

İş mi bu yaptığın, Galata Köprüsü?
Havalar yağışlı mı gidiyor,
Al yolcuyu bindir vapura
Düşünme sandalcı İdris'i!
Çeyreğe dolmuş mu beklesin
Kürek mi çeksin akıntıya,
Söyle İdris taş mı yesin?
Bir gözün kırmızı, bir gözün yeşil,
Canavar mısın, Galata Köprüsü?
Şilepler bindirsin beline
Boyu devrilesi!

YAŞIYORUZ

Lütfü Erişçi'ye

Ben ölmedim...
Beni öldürmediler de;
Yaşıyorum, yaşıyorum işte,
At kıçında sinek gibi,
Töööbe, töbe!
Kapandı yüzümüze dergi kapakları,
Bir varmış bir yokmuş olduk sağlığımızda.
Şiir... O yosmanın boyuna.
Gazete... Gelene gidene başyazı.
Ara ki bulasın sayfalarda
Şair Rıfat Ilgaz'ı.
Düştükse itibardan
Ölmedik ya, yaşıyoruz işte,
Yaşıyoruz dedik, yaşıyoruz be,
Heeeey, fincancı katırları!

FİLİM

M. Uykusuz'a

Boştasın belli!
Ellerin cebinde unutulmuş,
Ayakların pabuçlarının içinde,
Geçmiyor bakışların camdan,
Ne ararsın bilmem ki vitrinde!
Çarşı uzun, para yok,
Gezin sağdıcım gezin!
Gel, dert ortağı olayım sana,
Bir sayfa açayım "kitab-ı sine"den,
Olmazsa tarihten bir yaprak.
Karasevda gibidir işsizlik
Çeken bilir!
Belki unutursun yalnızlığını
İkimiz de kârlı çıkarız bu işten!
Söz gelmiş, kâra dayanmışken...
Dökelim mi dersin işi, sağdıcım,
Seninle alışverişe?
Çekip dış pazarlardan eski fikirleri,
Naylon kılıflar içinde
Geçirelim mi dersin gümrükten?
Ne duvarı kalmış zaten, ne kapısı!
Bu işte kâr yüzde yüz,
Çürük mallar kapanın elinde!
Fikir fikir karınca duası...
Fikir fikir minare gölgesi...

Gramlık paketler içinde süreriz,
El altından Tahtakale'de,
"İçen bir daha ayılmaz!"
Sokaklar sokaklar nah böyle,
Kahveler kahveler adam almaz.
Fabrikalar paydos etmiş,
Ustası gezer, işçisi gezer;
Yanaşmış şilepler limana
Nereye baksan pazar!
Eğer açmazsa bu alışveriş;
Dudaklarımızda düzme türküler
Yüklen kazmayı, doğru tarlaya!
Köye giden yollar balçık;
Rençperiz ayağı çarıklı,
Köylüyüz doğma büyüme,
Güvenimiz karakılçık!
Arpalıkta arpa ekilir
Şehirde suyu içilir.
Kendir ekilir kilim için
Kendirden esrar çekilir.
Çok para var şu afyonda
Ekeriz, sağdıcım, ekeriz.
Ağrıya da gelir sızıya da,
Çeksin eşimiz dostumuz,
Kansın millet uykuya!

Özgürlük de ekeriz, sağdıcım,
Türlüsü yetişir bizde,
Katmerlisi, yalını da,
Adamına göre boy boydur,
İncesi de, kalını da...
Söz özgürlüğü, saz özgürlüğü,
Al sana elektriği, suyu,
Jandarması, tahsildarı içinde,
Mesken masuniyeti!
Çevirelim yaprağı arkadaş
Eskiye dönelim, eskiye;
Ne varsa tarihte var.
Taş devri kalsın geride,
Bulunca dişine göre düşmanı
Çek zülfikârı, başla işe,
Bakma gözünün yaşına.
Geçir küffâr-ı hâkisârı kılıçtan,
Dayan Kankalesi'ne!
Sonra gir coğrafyaya Ankara'dan
Giresun, Ordu, Zonguldak.
Midende taş gibi mısır koçanı,
Dolaş Karadeniz boylarını
Yayan yapıldak!
Plâk değiştirelim, dostum,
Farkındayım esniyorsun,
Açmadı bu türküler seni!
Filim anlatayım sana filim...

Bir tane oynuyor ki Alkazar'da
Sana filim diyeyim!
Sağdıcım, meraklıysan bu işe
Teşebbüs de ölmedi ya,
Şükür bir o kaldı elimizde;
Vaktimiz dersen müsait,
Gel, bir filim de biz çevirelim!
Paran yok, pulun yok anladık,
-Yani yolsuzsun öğrenci dilinde-
Sultan palamuttan kalma
Altıpatların da mı yok be,
Bir keskin de mi yok?
Balatlı'yım diye gezersin
Yazık kalıbına kıyafetine!
Yürüyelim, gel, Cibali'ye doğru,
Bildiklerim yeter ikimize,
Yüklüyüm de üstelik.
Vay, Nazmiye, canımın içi
Rejiden mi böyle!
Niçin geç kalırsın be kızım,
İşte aradın belânı akşam akşam,
Kaşındın!
Ne duruyorsun be sağdıcım,
Al şu tabancayı, daya burnuna,
Tamam, böyle olacak işte!
Sakın yutma küçükdilini bir tanem,
Simitle birlikte!
Kaçırsak da olur amma,
En iyisi, gel, soyalım seni!

Biz kendimize bile fazlayız,
Tutup kedi yavrusunu götürsek eve
Öldürürüz iki günde açlıktan;
Yani umutlanma kaçırırız diye!
Yolunca yordamınca olsun işimiz,
Eller yukarı, yavrum Nazmiye!
Gücenmek, darılmak yok şekerim,
Bu iş böyle!
Olmadı, beğenmedim duruşunu,
Niçin omuzların böyle düşük,
Önünden de mi geçmedin okulun,
Bilmez misin nedir jimnastik?
Fırlayınca yatağından sabahları,
Banyonu almadan
Sütlü kahveni içmeden önce,
Hani jimnastik şekerim?
Bıngıl bıngıl olursa kalçaların,
Ne yaparsın belin kalınlaşırsa?
Korseden, dondan, lastikten önce
Jimnastik lâzım hayatta,
Plastik de lâzım,
Estetik de...
İşte geldin gidiyorsun,
Çalış çalış sonu yok,
Nedir bu kendine eziyet!
Yüzme de jimnastik demek.
Başına eşarp,
Ağzına çiklet...
Giy mayonu, atla taksiye!
Saçlarında deniz havası
Avuçlarında serinlik
O ilâhi tuz da dudaklarında.

Sonra, Nonoşum, doğru dansa
Uzan beşiğine aşkın
Biraz da hayatı öğren,
Sekmesini, kıvırmasını...
Böyle boy büyütmekle olmaz!
İşte böyle, canımın içi,
Böyle, bir tanem, bu işler,
Ya, işte böyle!
Sen de, yavrum, nazlanma artık,
Hadi, canımın içi, eller yukarı!
Baş dik, göğüs ilerde,
Omuzlar... Vay, imdat ha!
Hangi filimde gördün bu numarayı,
Hangi kız kaçırma sahnesinde?
Kara gözlerin için
Kim başını belâya sokar, kim?
Öldüğünle kalırsın iki gözüm
Dokundum mu tabancanın tetiğine.
Kes sesini,
Neyine güveniyorsun, söyle neyine?
Ayağa kaldırma mahalleyi,
Sorgu, ifade, dayak derken...
Yazık değil mi gençliğimize?

Hoşuna mı gitti, acemi çaylağım,
Kızın yüzündeki bitkinlik,
Saçlarındaki tütün kokusu,
Girmişsin ağzının içine!
Böyle şeyler neyine senin,
Poyraza karşı gidersin
Bakmaz da donunun yırtığına!
Uzattık senin yüzünden şu filimi,
Çabuk tıka mendili ağzına!
Yok mu, tuhhh senin erkekliğine,
Al benimkini!
Gel yanaş, kazık gibi durma öyle,
Olmadı, canım, baştan;
Şöyle kucakla da sok mendili!
Bağlasak da olur ama, kıskıvrak...
Vazgeç,
İşimiz acele!
Hani heyecan, korku, telaş?
Heyyy, soyuluyorsun, kızım Nazmiye!
Anladım, formunda değilsin bugün,
Sanat, her şeyden önce...
An meselesi... Ne diyeyim,
Nabız vuruşlarıdır ruhun...
Canım, ne desem nafile,
İnce iştir, aklın ermez,
Benzemez sigara istifine!
Dur, biraz da başka yoldan gidelim,
Sen cilve bilmez misin, cilve?
Tav etmeye çalış mesela beni,
Gel bir tanem, gel sevgilim!
Hani iç çekişler, göz süzüşler,
Çok yayasın bu işlerde!

Hadi sağdıcım, nöbet Hamza'nın
Yokla bakalım üstünü başını,
Yokla, orasını burasını,
Ayıbı mayıbı olmaz bu işin;
Döviz möviz saklıdır, bilinmez.
Gazete okumuş adamız.
Çocuksun be!
Hadi gir sutyenden içeri
Uyma şeytana sakın,
Bırak şimdi hergeleliği bir yana,
İş başındasın!
Ne gezer çingene evinde musandıra,
Sutyen bile yok değil mi?
İn bakalım aşağı mahalleye;
Vay orası da mı öyle!
Çok tutumlusun çamaşırdan yana,
İlâhi Nazmiye!
Hişşşt, kendine gel delikanlım,
Başına mı vurdu bahar havası,
Yokla cebini şu haspanın.
Vay ölüsü kandilli,
Bu da ne?
İki tek sipahi sigarası!
Kimin için zula ettin bunları,
Hangi hergele için yürüttün içerden,
Söyle be imansızın kızı,
Acımak size ha,
Kesmeli sıradan başınızı!

Ne de bilirmiş ağzının tadını,
Köylü değil, birinci değil de...
Vay pezevengin evladı!
Utanmak, arlanmak yok mu sende,
Namus da, şeref de mi yok,
Vicdan da mı yok be, vicdan!
İnsanım diye gezersin ha,
O yok, bu yok,
Sutyen yok, don yok,
At kendini denize!
Ha aslanım, ha garagort!
Öyle lâf etmişim ki kurşun gibi!
Oturtmuşum ciğerine!
Nasıl da sulandı gözlerin,
İnandın bu kuru gürültüye demek!
Bütün bunlar rol icabı,
Bu küfürler, bu kızmalar.
Yoksa bu gözyaşları da mı öyle?
Geçelim bu faslı bir kalem,
Gitmez kulağına müdürün
Bu hırsızlık da kalsın aramızda,
Sen üzülme bir tanem!
Şimdi can damarına geldik işin,
Yüze yüze geldik kuyruğuna.
Mal canın yongasıdır demişler,
Bizim bir şey dediğimiz yok
Mal da onların, can da,
Onlar demişler!
Bırakalım da felsefeyi bir yana,
Kendi işimize bakalım.
Fazla uzatmayalım bu sahneyi,
Sökül artık neyin varsa!

Hani senin yüzüklerin, bileziklerin,
Altın saatin yok mu, Singer marka,
Nerde ojelerin, rimellerin, rujun,
Manikürün, ondülen,
Aceleye geldi herhalde.
Şefinin belki o tarakta bezi yok,
Ustansa kendi derdinde,
Peki, ya bizim suçumuz!
Sana dostça tavsiyem;
Böyle yalınkat çıkıverme evden,
İpek gömleğini giy,
Ayılırsın, bayılırsın sokak ortasında
Neyin varsa tak takıştır,
Naylon sutyeni de unutma!
Haydi sonuna geldik işin,
Parmaklarını kırdırmadan çıtır çıtır
Şu naylon çantacığı artık
Bırakıver avuçlarımıza!
Hoooop, tamam!
Seni alan delikanlı yaşadı,
Halden anlarsın,
Uysalsın vesselâm!
Güzel oynadın, kim ne derse desin,
Çıkardın ilk filimde acemiliği,
Yolun açık olsun Cibali yıldızı
Haydi güle güle!..

Giden gitti, kaldık biz bize,
Bitmeyebilirdi burda filim,
Tutulurdun birdenbire mesela
Nazmiye'nin kara gözlerine.
Birlikte çekip giderdiniz
Zaten tabanca senin elinde!
Yazık, kaçırdın fırsatı,
İş taşımakta değil bu mereti
Kullanacak yeri bilmekte.
Diyeceksin... Ya kız kalırsa başıma,
Hele düşündüğün şeye bak,
Peki bu başladığın filim ne olacak
Kızdan önce
Senden önce
Güzel bir final lâzım filime.
Suçlusun bu işte suçlu
Besleyemedin öldü,
Hele atla şu taksiye!
Gözünü seveyim şoför ağbi
Geçsin diye gazeteye resimlerimiz
Toslamayasın önümüzdeki otobüse!
Çıktık demektir ortağım, bu oyundan
Ne de olsa alnımızın akıyla,
Hele sıyır carcurunu şu çantanın
Anlayalım, heyecandan gayrı nedir düşen
Herkesin kendi payına.
Bu mu garip kuşun kısmeti,
İki kör kuruş mu sadece,
Bir de dönüş bileti?
Tükürmüşüm bu oyunun içine.

Kapat şu camları, sağdıcım,
Nezleyim, ama nasıl nezle,
Hani bizim mendil?
Tuuh, yürüdü desene!
Onun çantası bizde kaldı
Bizim mendil onda hatıra!
Uçlan bakalım ateşini,
İşte olmuşu olacağı
Şunlar kaldı elimizde:
İki tek sipahi ocağı,
Ne gider ya bu filimin üstüne.
Bakma öyle anam babam,
Bakma dikiz aynasının içinden
Taş atma dalgamıza!
Pir aşkına oynuyoruz
Bu kepaze yerli filimde
Var mı oyunda kusurumuz?
Sen de geçtin kendi yerine
Bir yol tutturmuşuz gidiyoruz!

MANGAL

Asım Akşar'a

I

Ev mi ev,
Oda mı oda,
Ne raflarda kap kacak
Ne duvarlarda ayna...
Nerden baksan iki minder.
Masayı eskiciler götürdü,
Kilimse çıktı mezada.

Evdir bu anam babam,
İşte kapısı, penceresi.
Yemin etsen başın ağrımaz
Kapıda hane numarası.

II

Hasbahçe'nin tek gülü:
Orta yerde bakır mangal.
İnce belli,
Yanık tenli,
Halka halka küpeleri,
Kesileyim şu duruşa!

Bakırı eski bakırdan
Yapısı Rumeli yapısı.
Balkanlar'ın ötesinde
Recep Usta'nın örsünde
Açmış dünyaya gözünü.

Elleme kömürle büyümüş,
Küçük yaşta ev çevirmiş
Göçmen olmuş altısında.
Dört savaş geçmiş başından
Otuz altı kış içinde.

İnsan taş olsa dayanmaz.
Nasıl dayanır bakır mangal.
Ateş içinde yaşanır da,
Savaş içinde yaşanmaz.
Külsüz, kömürsüz kalmış,
Atılmış merdiven altına
Neler, ne çileler çekmiş!

III

Günler mangalla başlar
İşler mangalla yürür.
Anası yakar Nuri'nin
Gecenin ayazı söndürür.

Bakarsın ev hali bu,
Patates gömülür külüne.
Varlıkta çay demlenir,
Çifte cezveler sürülür.

Kış gecelerinde tandır,
Yaz günlerinde ocak.
Kaynar fıkır fıkır tencere
İçindekini kim görecek.

IV
Bir kıvılcım sıçradı içine,
Bizim Ressam Nuri'nin.
İnce belli,
Bakır tenli mangalın
Düştü ateşi yüreğine.
Kuştan, buluttan, çiçekten,
Belki anasından fazla
Yakın buldu kendine;
Karıştı içine düşlerin.
Kömür vurmuş gibi başına.
Unuttu aşı, ekmeği,
Sade suya tarhanayı unuttu
Sarıldı fırçasına.

V

Akıl ermez
Bir bakarsın taştan katı,
Bir bakarsın gülden nazik
İnsandır bu!
Dayandı mı yaş altmışa
Bir sırçadan şişe olur.
Tuz buz olur bir dokunsan.

Hekim derdi,
İlaç parası,
Ecelden önce yakamızda.

Sıtmadan, frengiden, veremden...
Bıktık tavuk gibi ölmekten,
Çoktan çıktı baş ağrısı
Ecele bahane olmaktan.

Uzun lâfın kısası
Aksaray pazarı dönüşü
Yatıyor yorgan döşek
Bizim Nuri'nin anası.

VI

Bir bakışta ateşlenir
Yağlı boya mangalımız,
Yanar için için duvarda.

Buz kesildi üç gecedir
Bakır mangalın külü,
Somurtur bir kenarda
Kömür ister, kürek ister.

İğne iplik oldu hastamız
İlaç ister, hekim ister...
Söylemesi dile kolay,
Dayanmaya yürek ister.

VII

Reçeteler kalınca elimizde
Çektik duvardaki yağlı boyayı
Bir akşam üstü pazara.

Baktılar bezine, çerçevesine,
"Para etmez!" dediler.
Beğendiler altın gibi rengini
Resmini değil, kendini istediler;
"Olmaz!" diyemedik.
Çektik Çerkez kızı mangalı
Esir pazarına.

Bir göz bile atmadan biçimine
Sülün gibi endamına,
Vurdular kantara ince belinden
Halka halka küpelerinden;
Gitti bakırı fiyatına.

Kurtardık Ressam Nuri'yi derken,
Kıydık Recep Usta'nın zanaatına.

VIII
Evimiz ev,
Gene odamız oda...
Kendi gitti bizim Çerkez kızının
Işıl ışıl resmi kaldı duvarda.
Kış güneşi kar getirdi,
Ardından sürekli soğuklar,
Hastamız gene eski hasta.
Gitti evimizin şenliği.

Mangal gitti, maşa kaldı,
Parayı yatırdık ilaca,
İki kırık şişe kaldı.

HEYBELİ

Fahir Onger'e

Nasıl sevmezsin Heybeli'yi,
Ne evim, ne bahçem var,
Ne iskelesinde sandalım.

Ne param var savuracak
Çamlarına, denizine, ay ışığına!
Ne asfaltına tırmanacak dermanım.
Rüzgârında payım var, olsa olsa
Bir nefeslik.

Ben insanların belki en yorgunu,
Denizin, güneşin özlemi bende,
Bende yaşamanın, çalışmanın özlemi.
Mevsimsiz sevmesini bilirim,
Vakitsiz düşünmesini,
Düşünüp düşünüp üzülmesini.
Gülüşüm, bakışım ayrı,
Belki üzgünüm biraz, yılgın değil,
Farkındayım olup bitenlerin.

Nasıl sevmezsin Heybeli'yi,
Herkesin bağı bahçesi ayrılmış,
Denizde kotrası yalısı.
Ayırmış ayıran hastanesinde
Bizim de yatağımızı.

SARI KAĞIT ÜSTÜNE

Melih Cevdet'e

Şu yumruk kadarcık döl
Sıtma sarısı,
Bacısının benzi
Limon sarısı,
Köyümüzün yarısı, beyim,
Verem sarısı.
Veremlinin ekmeği
Arpa kepeği, süpürge darısı.
Hani yumurtanın sarısı?
Yere düştü yarısı.
Ya öbür yarısı?
Ağamın sofrasında beyin tavası,
Kaz ciğeri, piliç kızartması...
Sarılardan ne sarısı?
Bal şerbeti, zerde sarısı.
Kapatmasının saçları da aman,
Altın sarısı.
Beni çileden çıkaran;
Ne doktorun kendisi,
Ne doktorun karısı.
Ya kimin nesi?
Yetiş imdadıma eşekarısı!

SAHİPSİZ

Şükran Kurdakul'a

Düşündürür hasta halimde beni:
Cenaze sabahları, koğuşta;
Atılmış bir ceket, sahipsiz...
Diş fırçası, derece,
Çerçevesinde gülen bir kadın...

Düşünürüm, penceremiz her zaman açık,
Trenler önümüzden kalkar,
Yolların kavşağında hastanemiz

Trenler dizi dizi,
Anadolu, yol boyunca Anadolu,
Benim senetli sepetli toprağım,
Sahipsiz!

DERECE ZAMANI

Sabri Soran'a

Bindi dalımıza, aman hemşirem,
Bu musibet sabah öksürükleri.
Uyandık bizimle birlikte
Ağrılar, sızılar uyandı.
Bir kişi hariç,
Sadece bir kişi,
Bütün pavyon uyandı.
İsterdik derece zamanı
Sen güler yüzle girince
Tam tekmil "Günaydın!" diyelim,
Olmadı işte!
Dolaş yatakları bir uçtan bir uca,
Çeviriver başını, hemşirem,
Sıra Reşit'e gelince...

Silinmesin yüzündeki aydınlık,
Bize bırak acısını gidenlerin
Sen kalanlar için yaşa!
Bir kalbimiz var ki öylesine,
Nabızlarımız tanık.
Bakma solukluğuna benzimizin
Çıkmayan canda umut!

KARA TAŞ ÜSTÜNE

Bu kahır dolu şehirde
Bir Nasip Teyze vardı.
Başucumuzda sevgi
Kapımızda sabır,
Ortaktı çilemize.

İçeride umudumuz ekmeğimiz,
Sıcak yatağımızdı dışarda.
Güzel günlerin peşinde
Soluk soluğa yaşadı,
Gözüpek, ağzı sıkı.
Kapısı dosta açık;
Kapandı yüzümüze.

Bir Nasip Teyze vardı
Bizim Nasip Teyze'miz.
En değerli şeyini bize...
Bize dünyasını bıraktı.

Üsküdar'da Sabah Oldu
(1954)

KALAYCI DÜKKÂNINA GİRİŞ

Şu Üsküdar çarşısında
Bir oyun başlar sabahtan
İçerde Yusuf, dışarda eşek,
Oyunu çeviren ikisi.
Bir de usta var arada...
Usta işin seyircisi.
Eşeğin sırtında küfeler,
Tepeleme kap kacak.
Yusuf körüğün başında
Eli yüzü kir içinde,
Alt tarafı çırak.
Bir sıkımlık canı var,
O da burnunun ucunda
Ha çıktı, ha çıkacak!

YUSUF'A ÖĞÜT

Bırak şu haylazlığı Yusuf
Adam oldun artık,
Serçeleri kendi haline bırak,
Canerikleri kalsın dalında.
Okumayı bırak
Yazmayı bırak,
Uyma okul çocuklarına.
Tükür de avuçlarına Yusuf
Yapış körüğün kulpuna
Zanaatını ilerletmeye bak!
İbret al kapıdaki eşekten,
Altmışaltıya mı dadandı,
Topa mı sıvıştı Çukurbostan'a,
Sigaraya mı alıştı?
İki yanında iki küfe
Yaz demedi,
Kış demedi,
Bütün mahalleyi dolaştı.

Kalaysızını aldı tencerenin
Kalaylısını verdi.
Yem için,
Tımar için,
Kafa mı tuttu ustaya?
Pişkin eşektir o,
Güngörmüş eşek,
Günde yatmış yuvarlanmış eşek.
Aman ne de pis kelime bu,
Hiç mi hiç gitmiyor şiire.
Tutup çöplüğe atmalı
"Canan"la "mey"le birlikte,
Yerine bir kelime bulmalı
Dostça, insanca bir kelime
Kara kız mı diyelim,
Nazlı mı diyelim, Yusuf,
Gel Karabiber diyelim şuna!

KARABİBER'İN ESKİ GÜNLERİ

İşte bu Karabiber
Bu kapıya yanaşmadan önce
Bir Karabiber'di kendi halinde.
Yaban romanında uzanır
Geviş getirirdi habire.
Yediği ardında,
Yemediği önünde...
Diz boyu yoncalar!
Ayrık otlarını görünce bir gün...
Dayanamadı,
Giriverdi destursuz otlağa.
Bir tutam, bir tutamcık daha derken
Bir de ne görsün,
Korucunun elinde kaldı kulağı.
Söz yoktu
Şeriattı ama kesen,
Kesilen parmak değildi ki...
Kulaktı;
Acıdı tabii.
Hem de nasıl acıma!
İri iri sürmeli gözlerden
Yaşlar boşandı sicim gibi;
Silebilirdi ya
Çıkarıp keten mendili...

Silmedi işte
Serde dişilik vardı,
Rimeli, sürmeyi düşündü,
Akıttı gözyaşlarını içine.
Başka şeye benzemiyor yaş dediğin
Alışılmamış ot gibi
Vuruyor insanın başına.
Oradan mideye iniyor,
Bir bulantı, bir bulantı...
O gün bizim Karabiber'in de
Döndü içi dışına.
Akıl veren oldu,
Öğüt veren oldu ama,
İki tutam yonca vermek
Gelmedi kimsenin aklına.
Nalları dikecekti ya çoktan...
Bizimki hani öyle
Hali vakti yerinde,
İşleri tıkırında
Kişizadelerden değildi ki
Nalı bile yoktu tabanında,
Dikemedi bîçare!
Süzüldü süzüldü de
Kaşık kadar kaldı yüzü.
Otu, arpayı değil,
Geviş getirmeyi de unuttu.
İşte bu yüzden, efendim,
Tekme tokat sepetlediler
Yakup Bey'in eserinden.
Bindi dalına ince hastalık
Sıtmanın peşinden;
Düştü yataklara.

Duyunca kara haberi Tanrı Şair
Şıp diye bastı kalıbını.
Dedi "Uğradı Leylâ nazara!"
Bir haber saldı Erenköy'e
"Geldi köy kızları, el bağladılar."
Bir tek kafiyenin hatırına
Burunlarını çeke çeke
Ağladılar, ağladılar, ağladılar!
Bitirince işlerini,
Açtılar naylon çantaları,
Çektiler rimeli, sürmeyi
Sürdüler, sürüştürdüler,
Rujunu tazeleyen tuttu caddeyi.
Karabiber kaldı yatakta.
Bu sefer daha beteri çıktı ozanın
Bir haber uçurdu köyün yiğitlerine
Turnanın kanadında.
Kimi kız kaçırmaya çıkmış,
Kimi yağmur duasına;
Duyan geldi.
Baktılar bu işin şakası yok...
Muhtara koştu birisi;
Yokmuş, bucağa gitmiş.
Mühürünü göndermiş yerine.
Kâğıt kalem aradılar, yok.
El kadar bir çınar yaprağı buldular,
Verettiler mühürü altına.
Biri dedi "İşlemi tamam!"
Biri dedi "Bucağa gönderelim!"
Biri "İstanbul'u boylasın!" dedi.
Biri dedi "Sokmayın eziyete!
Kendi köyünde diksin nalları!"
Biri dedi "Nalsız!"
Biri "Alın tabanının ölçüsünü
Ne güne duruyoruz!"

Baktılar iş uzayacak
Yazı tura attılar,
Bak şu kör şeytanın işine,
Tutup da yazı gelmez mi,
Hem de yeni yazı.
Köy yerinde kim okuyacak bunu
Çaresiz tura diyen kazandı.
Vurdular sırtına heybeyi
Koydular tomar tomar selâmı içine
Ocaktan tavsiyeyi koydular,
Çektiler traktörü altına.
Bir dalgınlık oldu arada
Karabiber'in yolluğunu unuttular.
Tam çekeceklerdi ki ey gazileri
Muhtar yetişti soluk soluğa:
"Nedir hali bu Karabiber'in
Silin!" dedi, "yüzünü gözünü,
Bir çeki düzen verin!
Tımar edin dipten doruğa,
Köyün hiç mi şerefi yok be,
Derisine kadar boyayın.
Haçan oldu olacak
Vurun cilayı tırnaklarına!"
Muhtar da dalgın adam
Yine yoncadan söz yok,
Lâfını etmedi arpanın,
Traktörün mazotuna gelince, tamam!

KARABİBER İSTANBUL YOLLARINDA

Sora sora Bağdat bulunur,
Gelgelelim İstanbul bulunmaz.
Bir hafta mı bir ay mı geçti aradan,
Açtılar her molada heybenin ağzını
Bir selâma karşılık
Bir yedek parça aldılar.
Her molada bir parçası değişe değişe
Bizim Toros postası
Üç molada benzedi kuşa.
Bir de baktılar ki dördüncü molada
Traktörü koydunsa bul!
Sağdan bakarsın jip olmuş,
Soldan bakarsın kağnı.
Tanrı şairin gözüyle
"Donanma-i Hümayun" olmuş
Dâhi şairin gözüyle
"Kenar-ı yâr" ile "bâd-ı taannütkâr" olmuş
Ne olmuşsa olmuş işte
Atlamış, Karabiber'in sırtına
Çökertmiş belini.

Çok şükür,
Bizimkinin yedek parça derdi yok,
Kırk gün, kırk gece yürümüş
Ne mazot...
Ne su...
Gak dedikçe tavsiye,
Guk dedikçe selâm...
Şimendifer gibi maşallah
Takmış hususileri peşine;
Gelmiş de Üsküdar'a haberi yok!
(Anlaşılmış işin iç yüzü
Neft kaçmış genzine.)
"Ulan!.." demiş Üsküdarlılar,
"Neyin nesidir bu gelen!"
Yutacak yerde küçükdillerini
Yutarlar büyük dillerini sıradan;
Konuşabilirsen konuş,
Tam yurttaş olmuşlar işte.
İşaretle sorar birisi:
"Neyin nesisin?" diye.
Alır cevabı Karabiber'den
"Ne güldür, ne de lâle!"
"Söyle nesin?"
"Ya zafer, ya hiç!"
"Nazlanma söyle hadi!"
"Söylemem!"
"Peki... Kim koydu seni bu hale?"
"Hastayım!" der "Yormayın beni...
Çok eskidir bu hikâye!"
"Söyle canım!"
"Söylemem!"
"Söyle!"
"Söylemem!"
"Öyle demek... Yıkın falakaya!"
Yer misin... Yemez misin!..

Çıkar çok bilmişin biri ortaya,
"Sen" der, "Mehlika Sultan değil misin
Nerde peşindeki yedi genç,
Hangi kör kuyuya attın?.."
"Ben kim, Mehlika Sultan kim!
Nerde şap, nerde şeker?.."
"Hayır!" der, yapışır da yularına,
"Sultanın kendisi değil,
Heykelisin, parçalanmş...
Şu gözlere bakın, şu sürmeli gözlere
Bir Mehlika'da vardır...
Bir de sende!"
Şaşarlar fakir Üsküdarlılar;
"Aman, nasıl da benziyor!.." diye
Parmaklarını ısırırlar.
Alır keseri, testereyi eline,
Sanatsever bir badanacı
Çakar Karabiber'i dört ayağından,
Sımsıkı çerçeveye.
Kim bırakır böylesini Ahmediye Çarşısı'nda
Omuzladıkları gibi yallah!
Nereye?
Doğru müzeye!

KARABİBER MÜZEYİ ANLATIYOR

Ne tuhaf yer şu müze dedikleri!
Bir bakarsın mezarlığa benzer,
Bir bakarsın Tophane hamamına
Çekmiş afyonu içerdekiler
Kuş düşünür,
Böcek düşünür.
Bardaktaki çiçek değil sade
Köşesinde örümcek düşünür.
Yapışmış gökyüzüne ağaçlar
Rüzgâr esse kımıldamaz,
Dalında yaprak düşünür.
Bir miskinlik içinde sular
Köpükleri taş kesilmiş
Sarı öküzün serilmiş altına
Kara toprak düşünür.
Kimse memnun değil yerinden
İnsanın eli kolu bağlı...
Tozlu çerçevelerde, uzanmış
Çocuklar çırılçıplak düşünür.
Gül var saksısında solmuş,
Çilek var uzanamazsın,
Karpuzun yanında bıçak düşünür.

MÜZEDEN KURTULUŞ

Açlık vurunca beynine,
Atar kendini çerçevesinden
Feriköylü gece bekçisinin önüne.
Ne yapsın da kurtulsun elinden,
Bir avuç selâm çıkarır,
Bir avuç da tavsiye heybesinden,
İndirir bekçinin cebine.
Hangi pazarda geçer kuru selâm,
Kim ipler tavsiyeyi!
Feriköylü köpürür öfkesinden:
"Büsbütün şımardınız artık
Unuttunuz sırayı, saygıyı;
Hangi heybende kızarmış tavuk,
Geç yağı, yumurtayı, pilici,
Çamsakızına da fit olduk!"
"Bana bak!" der, diker de kulağı,
"Sen kimin evini soruyorsun
Ne yağı, ne yumurtası be?
Hem ben kimim, biliyor musun?
Karışsa karışsa bana..."

Kim karıştırdı ne bilsin.
"Doğru!" der gece bekçisi,
"Sana karışmak ne haddime!
Kurumunuz var bugüne bugün,
Haklarınız var madde madde...
Benim neyim var?
Tüy bakalım, gözüm görmesin!
Ama boş kalacakmış çerçeve,
Kalsın, bana ne!"
Döner dönmez köşeyi Karabiber,
Önce bir pastırma kokusu geldi burnuna
Peşinden bir çam yarması...
Devriliverdi üstüne.
"Etme pastırmacı başı,
Gitme pastırmacı başı
Doymadım gençliğime!"
Büsbütün köpürmez mi seninki:
"Sanki arpaya doymuş
Samana doymuş da,
Bir gençliği kalmış doyacak!"
Bir süzdü tepeden tırnağa
Getirdi gerisini:
"Hele şu kılkuyruğa bakın,
Neresi ot yüzü görmüş şunun,
Neresi arpa yüzü görmüş.
Gençliğinden söz açıyor bir de..."
"Aman pastırmacı başı,
Ot yüzü görmez olur muyum,
Kıtlığı mı var köy yerinde?
Ne yoncalar gördüm diz boyu.
Ne ayrıkotları, ne arpalar...
Ama hepsi bu kadar."

"Anladım," dedi çam yarması,
"Hastasın demek mideden,
Vah tüyü bozuğum benim.
Vah kılkuyruğum vah!"
Ölüsü de paraydı Karabiber'in
Dirisi de para,
Bırakmaya gelmezdi kuyruğunu.
Biri et derdinde,
Biri can derdinde,
Kol kola tuttular hastanenin yolunu.
Tam girerlerken cümle kapısından
Beyaz gömleklisi,
Siyah gömleklisi,
Ne varsa hep bir oldular,
Yaka paça ettiler bizim açıkgözü,
Sen dediler bu işle mi geçinirsin,
Simsarı mısın bu işin;
Sana ne elin hastasından.
Sen ha!
Çuvalın dibi dururken,
Ağzından işleyen açıkgöz!
Alt alta
Üst üste
Öyle karıştı ki orası,
Kim dövüşürse dövüşsün,
Kim tepişirse tepişsin,
Kime dokunur zararı?
Yapıştılar Karabiber'in yularına
Oraya çekiştire,
Buraya çekiştire,
Dayandılar Esirgeme Kurumu'na!

BİR ESTETİK AMELİYAT

Bir nutuk karşıladı Karabiber'i
Merdivenin üst başında:
"Hoş geldin sayın misafirimiz,
Safalar getirdin kurumumuza!"
Peşinden top gibi bir alkış
Aldı götürdü sözün gerisini.
Parça bölük, döküntüler kaldı:
"...gel... sarıl boynumuza!
....
.... gir koynumuza!"
Yenilmez yutulmaz dallardan,
Dişe gelmez çiçeklerden,
Bir çelenk taktılar boynuna.
Yıkadılar gıcır gıcır,
Bursa işi havlulara sardılar,
Uzattılar yatağa.
Ama nasıl yatak kuştüyü,
Pijamalar som ipekten,
Oda dersen ahır kadar sıcak,
Gevşeyiverdi sinirleri.

Tam dalacaktı ki uykuya
"Yok!" dediler,
"O kadar uzun boylu değil
Bitmedi henüz giriş işlemin
Nerde kâğıtların, kimliğin?"
Tuttu çınar yaprağını gösterdi,
Baktılar mühüre, "Tamam!"
"Yazın" dediler, "Anasının adı?"
Yazıldı.
Babasının adını atladılar,
Gelenekten değildi sorulması.
"Nedir," dediler, "şikayetin?"
Anlatınca yana yakıla:
"Ah, bu kuru otlar yok mu?" dediler,
"Bu kuru otlar, nemli samanlar...
Canım, yemeseniz olmaz mı sanki?"
Hak verdi Karabiber:
"Ara sıra canı çekiyor da adamın
Şöyle bir tutam yonca... bir tutamcık..."
"Olmaz!" dedi bilgin kılıklısı,
"Önce nefsimizi eğitmeli...
Bütün suçların özü kendimizde..."
"Haklısın!" dedi Karabiber,
"İşte bütün görgüsüzlük bizde
Densizlik bizde, bilgisizlik bizde."
Salıverdi gözyaşlarını
Üyeler aşağı mı kalır ondan,
Verdiler veriştirdiler.

Sırılsıklam oldu ortalık.
Birkaç damla da bardağa koydular
İçirdiler şifa niyetine.
Bu seferki gözyaşı... Hayret!
İyi gelmez mi mideciğine.
Ne ağrısı kaldı, ne sızısı,
İştahı da açılıverince,
Çözüldü dilinin bağı:
"Kuru ota tövbe artık,
Islak samana tövbe.
Taze taze ot isterim!"
"Ne istermiş, ne istermiş!"
Biri açtı ağzını üyelerden:
"Yetmez mi sana sevgimiz,
Sana merhametimiz yetmez mi?
Kuştüyü yataklar içindesin, Karabiber,
Nereden gelip, nerede durmuşsun?"
"Bırak!" dedi bir başkası,
"Bırak şu Hâmit ağzını;
Ona kendi diliyle veriştir.
Sen hiç utanmaz mısın, Karabiber,
Edepsizlik düpedüz, ettiğin...
Utanma yok mu sende,
Sende sıkılma yok mu?
Ondan yok mu sende,
Bundan yok mu?"
Tutunca heybesini Karabiber
Ne varsa silkti ortaya.
"İşte," dedi, "bende olanlar!
İşinize hangisi yararsa buyurun!"

Dayanamadı üyelerden biri
Bir tokat çıkardı Hafızpaşa işi,
"Gelmişken," dedi, "insanlık öğren
Başka İstanbul yok yeryüzünde!"
Pişkin öğretmenler gibi uzandı
Karabiber'in kulak yerine;
Boşa gitti eli.
"Vay!" dedi. "Hani kulağının teki?
Nasıl çıkarsın bu kılıkla,
Söyle nasıl, insan içine?"
Tuttu sol kulağına yapıştı.
Bir... Bir daha, boştaki eliyle...
Yaşlıca bir üye kalktı ayağa,
Ömer Seyfettin'i okumuş belli,
"Yatırın," dedi, "falakaya!"
Yatırdılar...
Verdiler sopayı tabanlarına!
(Şunun şurası İstanbul,
Nallansana be, Karabiber!)
"Getirin," dedi işi çekip çeviren,
"Getirin usturayı da, görsün!
Keselim şunun kulağını da
Bari bir şeye benzesin!
Bayılsın, vurun tabanlarına!"
Bir hayırsever çıktı gönüllü,
Yapıştı en kalınına meşenin,
Tam indirecekti ki...

"Dur," dedi eskilerden biri,
"Aheste çek kürekleri dostum!"
Sonra getirdi gerisini:
"Mehtap uyanmasın!"
Bizim Karabiber oralı değil.
"Mızrap uyanmasın!"
Başladı esnemeye Karabiber.
"Ahbap uyanmasın!" der demez,
Yumuluverdi gözleri.
Top at istersen!
Değil sol kulağını...
Kes kafasını dibinden.
Öyle bir uyku ki... Memleket işi.
Uyanınca bir de ne görsün,
Yerindeydi ya kafası
Kulağı koydunsa bul!
Radyonun öğle yayınından
Haberi duyan gazeteciler
Düştüler teker teker Kurum'a.
Çaylar, pastalar, likörler...
Şenleniverdi ortalık;
Yediler, içtiler...
Kadehler kaldırıldı Karabiber'in şerefine,
Sarmaş dolaş resimler çekildi.
Bulunca masanın altını davetliler,
Bir tekme Karabiber'in kıçına...
Arka kapıdan sepetlediler!

KARŞISINA BİR AÇIKGÖZ ÇIKIYOR

Resmini gören bir açıkgöz
Eliyle koymuş gibi buldu Karabiber'i
Köprü altında sabah sabah
"Karabiber'im!" diye başladı söze,
"Arkanda ben varım, hiç üzülme,
Hemşeriyiz bugüne bugün,
Tezek kurutmadık mı aynı güneşte!
Biraz da akraba sayılırız,
Kesilmiş de sütü validenin,
Süt kardeşi oluvermişiz.
Tutmazsak birbirimizi şehir yerinde,
Kurtlar kuşlar kapar bizi.
Bir emmioğlu var bizim,
Şurada, Hasköy'de.
Sakadır ama, hatırı sayılır adam.
Partide baş deftere yazılı.
Senin gibi üçünü besler kapısında.
Nasıl beslemek, git gör.
Fıstık maşallah her biri.
Günde üç torba arpa
Üç kucak da yonca,
Havucu kerevizi de üstüne...
Dedim ki bizim emmioğluna:
Bu kadarı da fazla, hani...

Kurak giderse havalar, dedim,
Aldın bu üç canı başına
Biraz da yarını düşünmeli,
Sakla samanı demişler, neden?
Yaptır Boğaziçi'ne bir silo
Doldur samanı içine
Arpayı doldur, yulafı doldur,
Doldur yoncayı tepe tepe!
Hem çürütür denize dökersin,
Hem satarsın döviz getirir.
Sen bilmezsen balık bilir,
Onları da beslemeli üretmeli,
Et beş yüze mi çıktı,
Daldır elini tut taze taze,
Baktın o da fazla geliyor,
Fazlasını dök denize.
Olmazsa eşi dostu çağır,
İş balık tutmasında değil,
Dost tutmasında!
Bizim emmioğlu, ömür...
Gönlü gani mi gani,
Eli açık mı açık...
Ye, iç, yat, yuvarlan!
Uzun etme artık,
Gel götüreyim seni!
İyi ama... Dur hele...

Yemin fazlası yaramazsa,
Azdırır, kudurtursa seni,
Kulağını kısıp başlarsan
Saldırmaya şuna buna?
İyi mi olur ele güne karşı
Yok hemşerim, yok,
Sen edemezsin Hasköy'de;
Ucu bize dokunur,
Bak derler senin Karabiber,
Bol buldu da arpayı
Ele avuca sığmaz oldu.
Yol bilmez, iz bilmezsin şehir yerinde,
Baskındı, hekimdi derken
Alır vesikayı çıkarsın...
Sana temiz bir iş olmalı
Çekilmelisin bir köşeye
Akmasa da damlamalı,
Dur hele
Bu kulaklar ne güne duruyor,
Bu dipten budanma kulaklar.
Boynunu kırdın mı bir yana,
Yumdun mu gözünün tekini,
(Gelmez ikisini birden yummaya)
Düşürmesin kimseyi, dersin,
Rabbim, gözden kulaktan!
Nasıl geldi mi işine?
Tıraş, hamam, yeme, içme,
Hepsi benden.
Parayı pulu bırak
Bereketi mi kaldı zaten...

Gözün yemedi değil mi,
Buruluverdi çehren?
Gel bu işi ehline bırakalım.
Bir iş düşünelim, sana münasip.
Şöyle eline, ayağına yakışır.
Dur, yavrum, bu sefer tamam!
Siyah ceket...
Boyunbağı da öyle...
Beyaz mintan... Kolalı yaka,
Kılıç gibi çizgili pantolon...
Kurdun mu tezgâhı Köprübaşı'na,
Kenarında sıra sıra dürbün
Resim gösterirsin gelene geçene.
Kınalı'dan, Heybeli'den manzaralar,
Mayolu kadınlar, mayosuz kadınlar...
Şişli, Maçka, Talimhane,
Zeytinburnu, Kazlıçeşme,
Yenikapı, Kumkapı, bizim kapı,
Köprüaltı, Tophane...
Bağır, sesin kısılana kadar
"Ağa Han, Ali Han, Arpacı Han,
Han, hamam, apartman,
Emirgân, Kanlıca, Bebek,
Aktarmalar burdan!"

KARABİBER İŞ BAŞINDA

İlk Boğaziçi vapuru
Çımayı atınca köprüye,
Karabiber, yanında tavcısı,
Başladı şu tekerlemeyle işe:
"Seyreyle bu gelen Beyazıt Kulesi'ni,
Seyreyle Dikilitaş'ı, Çemberlitaş'ı,
Boyuna bosuna kurban olduğumu,
Seyreyle bu gelen dünya güzelini,
Su değil şerbet akmış musluğundan
Seyreyleyin İmparator Çeşmesi'ni!
Peşinden Bağdat Hattı'nı, Haydarpaşa'yı,
Enver Paşa'yı, Cemal Paşa'yı,
Çanakkale'de Aynalı Çarşı'yı...
Seyreyle bu gelen Galata Köprüsü'nü,
Gece altını, gündüz üstünü.
Seyreyleyin 'eşkâli hayatı
Havzı hayalin sularında':
Tophane'de Yamalı Hamamı'nda
Seyreyleyin Yenicami'de mektupçuları,
Zarfçıları, üçkâğıtçıları,
Keşleri, tozcuları.

Seyreyleyin takma bacakları, sakatları,
Kötürümleri, yanıkları, yırtıkları
Seyreyleyin efendiler bu gelen..."
Bu gelen..."
Bu gelen yabancı değildi.
Çorapçısı tanıdı,
Gözlükçüsü tanıdı,
Tüydü işportasını yüklenen!
Bizim Karabiber'e gelince,
Tavcısı bir yana gitti,
Tezgâhı düzeni bir yana.
Tuttu Gülhane Parkı'nın yolunu,
"Yattı bülent servilerin gölgesinde şad",
Sarayburnu'na karşı okudu
Ne bilirse aylaklık üstüne.
Gördü, başıboş gezenleri, sevindi,
Kızkulesi'ndeki prensesi düşündü,
Ağladı.
Açlık binince dalına
Uçup gitti ezberindekiler.
Tam uzanacaktı ki yoncalara;
Eli sopalı bir bekçi belirdi,
Öbür elinde ustura,
Uzanmak istemez mi kellesine!..
"Mahçubum" dedi, "zatınıza karşı!
Yok sünnetlenecek kulağım!"
Sonra güldü katıla katıla!
Bekçi aşağı mı kalır ondan;
"Kulak kalsın," dedi, "bana kuyruk yeter!"
Baktı ki pabuç pahalı,
Kim fayda görmüş miskinlikten,
Açıldı açıldı da,
Bekçiye iki çifte salladı,
Kayboldu kalabalıkta!

Bir gün dolaştı
İki gün dolaştı
Üçüncü gün geçerken manavın önünden
Bir cahilliktir etti,
Dişleyiverdi sepetteki ayvayı.
Kıyamet de koptu bu yüzden:
"Ulan ayva kim, sen kim!
Ayvayla mı büyüdün köy yerinde.
Ulan, sen kim, ayva kim,
Ayva mı gördün babanın evinde.
Sen kim, ayva kim ulan!"
Çıkardılar ağızlarından baklayı
Yazması ayıp bir künye okudular!

KARABİBER KETEN HELVACI

Tırnak izi,
Tırnak numarası.
İçeri, dışarı,
Dışarı, içeri,
Yolu düştü Kapalıçarşı'ya.
Önünde bir sürü gemici,
Kimisi yerli, kimisi yabancı.
"Vay ne güzel ketenhelvam!"
Kimisi kuyruğunu çeker,
Tespihini geçirir boynuna.
Ellerinde yasemin çubuk,
Sigara tellendirir kimisi,
Dumanını üfler burnuna.
Kendi işinde gücünde Karabiber,
Kulak asmaz olan bitene,
(Kulaksız olmanın da bu iyiliği var)

Boyuna bildiğini okur:
"Adına aldanmayın sakın
Açıktır kapalıçarşımız,
Gelin artık tanıyın bizi
Kalmadı gizlimiz, kapaklımız.
Gözümüz de açıldı şükür:
Şu halı yok mu, şu halı.
Bakmayın delik deşik olduğuna,
Taht halısıydı Yavuz'un.
Şu altın savatlı ibrik.
İbrahim'in abdest ibriği.
Ne İbrahim kaldı, ne Reşat,
Açıldı kapısı haremin
Döküldü cariyeler ortaya.
Fesi külahı çoktan attık,
İşte çıkardık şalvarı!
Uysa da beyim uymasa da,
Buyurun ketenhelvaya!
Ankaralı bir eleştirmeci
Bu ara geçmez mi sokaktan:
"Vay!" dedi, "böyle mi satılır,
Keten helva dediğin
Kimden destur aldın söyle,
Kim kuşattı bu peştemalı?
Dörtlük nedir bilmez misin,
Cahilisin bu işin belli.
Kimse ketenhelva satamaz
Benden izinsiz memlekette.
Her şeyden önce biçim lâzım,
Özden önce biçim!"

Boyun kırdı Karabiber,
"Tamam!" dedi. "O biçim!"
Eleştirmeci memnun:
"Bak, hoşuma gitti bu ayak,
Aferin!
Her şeyden önce biçim...
Küpe et kulağına sözümü
(Hangi kulak!)
Biçim, şekerden önce,
Undan önce, yağdan önce,
Keten helvadan da önce biçim!.."
Afili bir selâm çaktı Karabiber:
"Eyvallah abicim!"

YUSUF KARABİBER'LE KARŞILAŞIYOR

Hani bir Yusuf vardı ya
Haylaz Yusuf hani
Bizim Yusuf canım
Dönerken nişadır almaktan
Rastlamaz mı Karabiber'e!
Başında bir sürü gemici,
Bir de şapkasını kaşına yıkmış
Şu antika eleştirmeci.
Tepesi atıverdi Yusuf'un
"Hayttt!" dedi. "Aralanın!"
Çoklarına rastlamıştı ya, Heybeli'de.
Görmemişti böylesini.
Bir körük geldi gitti içinde,
Ateşleniverdi yüreği.
"Ne yana yolun," dedi, "anam!.."
Orasından öptü,
Burasından öptü
Girdi Karabiber'in koluna.
Çarşı geride kaldı,
Başıboş gezdiği günler geride.
Tuttular Üsküdar'ın yolunu
Doğru kalaycı dükkânına!

ÜSKÜDAR'DA SABAH OLDU

Köprü'de sabahlayan vapur,
Sefere çıktı, Üsküdar'a,
Kâtip gibi gözleri mahmur.
Daha diri, daha uyanık
Bir başkası geldi Boğaz'dan,
Hovardaca yanaştı iskeleye.
Aldı götürdü ayak seslerini,
Süpürdü öksürükleri caddeden...
Bir nefes kaldı çarşı içinde
Yusuf'un körüğünde genişleyen.
Yanaştı bir vapur daha;
Cevap diye düdük seslerine
Bir şarkı tutturdu Karabiber,
Öylesine bir şarkı ki
Herkesin anladığı dilden,
Işıyan güne karşı!

SON

Ustanın kolları sıvalı
Belinde vişneçürüğü kuşak.
Geceden yaktılar ocağı
İş vardı yarına çıkacak.
Yusuf'un kollarında ağrı,
Lehim gibi bir uyku gözlerinde,
Kirpiklerinde çapak,
Sildi elinin tersiyle,
Yeniden avuçlarına tükürdü,
Geçti körüğün başına.
Ocakta bakır tepsiden
Bir duman kaldı bembeyaz
Mis gibi nişadır dumanı,
Yayıldı Üsküdar Çarşısı'na!

Soluk Soluğa
(1962)

BU MERDİVENLERDEN

Çıkacaksın da iki büklüm ne olacak,
Kan ter içinde Tünelbaşı'na.
Bu ilan, bu celp, bunca mektup
Bulur yerini nasıl olsa.
Boşalır çantan akşama varmaz,
Boşuna telaşın, boşuna!

Nerde eski güler yüzü Galata'nın,
Hani camda yolunu bekleyenler;
Ah o, mektubun, mektup olduğu devir!
Nerde bir ucundan tutuşmuş nameler
Bir tutam saç, öpülmek için,
Bir sigara, yâr elinden sarılmış,
Ucu yanık.
Nerde her kapıda bekleyen bahşiş,
Her seferinde, ayak tozunu
İpek mendille sildiğin günler!

Yaş, otuz beş değil tam elli beş,
Bir ayağın çukurda demek!
Kesti iflahını bu Yüksekkaldırım;
Zorlanma İlhami Efendi'ciğim, yazık!
Sağ yanında çanta, sol yanında
Bir çocuk kafası kadar fıtık!

Bir düşün, ne demiş Haşim Amcan,
Vermiş de tatarböreğini gövdeye,
Ağır ağır çıkacaksın demiş, bu merdivenlerden,
Böyle soluk soluğa değil!

(Kaynak, 1954)

KORKAK

Yüreciği küt küt atan
Bir tavşansın kulağı kirişte
Ensesinde tazının soluğu
Bir tavşansın başka değil
Bir minik tavşan
Tut demeden tazıya daha
Alır başını kaçarsın
Bir tavşansın işte
Ne gecen belli ne gündüzün
Kimselere benzemez uykun
Tavşan uykusu
Doğdun doğalı bu pis korku
Bu can korkusu

(1957)

DENGE – DÜZEN

Kaskatı bir sabahtı bir mart sabahı
Tenekeler sıradan dizilmişlerdi kapı önlerine
Kediler habire günlük nafakalarını arıyorlardı
Sahipsiz kediler hasta kediler aaah onlar işte
Öylesine suskundular düzen bozulmasın diye
Bir cambaz hüneriyle art ayaklarından
Asılı kalmışlardı çöp tenekelerine
Kuyruklarını bile kıpırdatmıyorlardı
Öylesine dikilmişlerdi beyinleri üzerine
Denge bozulmasın diyeydi bütün çabaları
Hep bunun için başka neden olabilir
Bir görmeliydiniz nasıl çöpleniyorlardı

Tam bu sırada hastanenin kapısı açılıverdi
Öksüren bir hastaydı silkelenen oracığa

Kediler aç kediler art ayaklarının
Çengelini gevşetiverdiler birden
Fosforlu gözlerinde açılıverdi kapılar

Kapılar mağara ağızları gibi korkunç
Kapılar iç içe sıra sıra açık kapılar
Kapılar sonra duvar gibi sımsıkı kapalı
Silkelenen oracığa Yozgatlı Yaşar'dı

Kaskatı bir mart sabahıydı nasıl unuturum
Diyelim ki ben unuttum Yaşar unutur mu hiç
Kupkuru bir soğuk vardı dışarda takır takır
Bir soğuk ki kuşları alaşağı eden

Yaşar'da ne palto ne çorap ne boyun atkısı
Bir ceketi vardı o kadar ben ceket diyorum
Bir çift de ayakkabı ben öyle diyorum
Tabanları olduğu gibi asfalta basıyordu

Asfalt da öyle ağustos asfaltı sanılmasın
Damla su sızdırmıyordu pabuçlar bereket
Sular daha akşamdan donmuştu kaskatı
Yürekler de donmuştu sularla birlikte
Donacak yürek bile yoktu çatık kaşlı hekimde
Taburcusun demişti arkası hastalara dönük

Lokman Hekim'den beri böyle kurulmuştu düzen
İnsanlığın acıları böyle dindirilirdi ancak
Ant içilmişti diplomalar verilirken
Ölmek de vardı düzende taburcu olmak da
Hep bu nedenle demişti yanlış anlaşılmasın
Hep bu yüzden taburcusun demişti hekim
Kediler gibi dengeyi tutturabilmek
Habire çöplenebilmek için hekimlik adına

Bu yüzden satmıştı Yaşar'ın altındaki yatağı
Yozgatlı Yaşar yatacak değildi ya boyuna
Memleket genişti çoook Yozgatlılar vardı çok

Verem desen daha geniş alabildiğine
İstemezdi dengenin düzenin bozulmasını
Bu yüzden demişti iki buçuk kuruş için değil
Yurdunu ulusunu sevdiğinden biraz da
Çıkarmak için mutlu azınlıktan olmanın tadını
Ölenle ölecek değildi ya Yaşar'lar gibi
Taburcusun demişti kılı kıpırdamadan
Hep bu yüzden demişti başka neden olabilir

Henüz bir çatıcık bile çekilmemişti başının üstüne
Son taksidi duruyordu yeni arabasının
Hakçası bölüşmek için ne varsa yeryüzünde
Elmayı bile iki şak edip ortasından
İki parçasını birden alabilmek için
Ne yapsın bunu anlıyordu eşitlik deyince
Dengeden düzenden buydu anladığı hekimciğin

Kediler günlük nafakalarını arıyorlardı dışarda
Sahipsiz kediler, hasta kediler aaah onlar işte
Öylesine suskundular düzen bozulmasın diye
Denge bozulmasın diye art ayaklarından
Asılı kalmışlardı çöp tenekelerine
Bir görmeliydiniz nasıl çöpleniyorlardı
Öylesine dikilmişlerdi beyinleri üzerine

Ne olurdu denge bozulursa düzen bozulursa
Tenekelerin altında mı kalırlardı sanki
Boşunaydı bütün korkuları boşuna
Ne olabilirdi sonunda yitirecekleri
Çöp tenekelerindeki artıklardan başka

SARIYI ANLATIYORUM

Sen yeşilsin yaprak yaprak
Az da turuncu var çiçeğinde

Biz sarıyız düpedüz sarı
İki milyon kişi en azdan
Sarının ülkesinde tutsak
Sarıyız iliklerimize kadar
Gövdemizde sarı bir kabuk
Çıkmaz bıçakla kazısak

Hanlara hamamlara yol sıra
Allı pullu arabalara
Boy boy apartmanlara bak
Her taşın altında biz varız
Biz yaptık bu ehramları
Bu saltanatı biz kurduk

Yerden biter gibi bu yüzden
Arttıkça artarız
Sayımızla kimse öğünmez
Düşürdüler grafiklerden
Nutuklarda azalıyoruz

Yalanın yüzümüzde ışıkları
Bütün tablolardan silindik
Sarıyız sarı

(1961)

KENDİMİZİ ANLATIYORUM

Tükeniyoruz boyuna tükeniyoruz
Bir lodos kalktı mı güneyden

Çürük meyvalar gibi dökülüyoruz
Biz tükendikçe yangın genişliyor
Sarıyor kentleri bir yanından
Yayılıyoruz yeniden yayılıyoruz

Eskimekle başlıyor ilk belirti
Bir durgunluk siniyor derimize
İliklerimize kadar işleyen
Daha bir duygulu oluyor ellerimiz
Parmaklarımız daha anlayışlı
Sevdik mi seviyoruz ölesiye
Öfkelendik mi öfkeleniyoruz

Bakışlar neden böyle değişik
Neden soğuk tuttuğumuz eller
Biz böyle mi geldik yeryüzüne
Kan tükürerek mi doğduk

Linç edilen biziz radyolarda
Kürsülerde saldırılan biz
Bağırsak çağırsak boşuna
Bir öksürük kesiyor soluğumuzu
Tıkanıyoruz

(1961)

LEYLAKLARINI ANLATIYORUM

Leylak getiriyorsun bana güneşli bir gün
Onu saçlarından topladığın belli
Bir leylak bahçesisin karşımda

Böyle kucağında kalsa daha iyi
Bir vazoya bırakıp gidiyorsun
Sen gidiyorsun leylaklar kalıyor mu sanki
Önce renkleri gidiyor arkandan
Nesi varsa gidiyor soyunarak

Her vazoya baktıkça karşımdasın ne tuhaf
Her kokladıkça dönüp dönüp geliyorsun
Düşünceler gibi filizleniyorsun gün geçtikçe
Yaprak yaprak gelişiyorsun
Leylak leylak bakıyorsun gözlerimin içine
Ölümsüz bir mevsim oluyorsun

(1961)

GİDİŞİNİ ANLATIYORUM

Sen gidiyorsun ya işine yetişmek için
Saçlarını, gözlerini, ellerini
Neyin varsa toplayıp gidiyorsun ya
Her seferinde bir şey unutuyorsun sıcak
Termometrede yükselen çizgi çizgi
Kim bilir nerelerde soğuyorsun

Senin gözbebeklerin var ya kadın kadın gülen
İnsan insan bakan gözbebeklerin
Beni tutsa tutsa gözlerin tutar ayakta
Beni yıksa yıksa gözlerin yerle bir eder

Ne gelirse onlardan gelir bana
Çalışma gücü yaşama direnci
Mutluluk gibi kazanılması zor
Mutluluk gibi yitirilmesi kolay

Bir açarsın ki mutluyum
Bir kaparsın her şey elimden gitmiş

(1961)

YALNIZLIĞIMI ANLATIYORUM

Koğuşta inceden bir lizol kokusu
Dışarda tam tamına On Sekiz Şubat
Ne üstümdeki örtüler ısıtıyor beni
Ne altımdaki yatak
Ellerini arıyorum sıcak ellerini

Kuruyan dilim tutuşan alnım
Garipliğim nöbet nöbet gecemde
Susuzum, ilaçsızım, sensizim
Sıcak dudaklarını arıyorum

Camlarda karayel acımasız
Nereye baksam can çekişmesi
Gece... Yol boyu memleket memleket
Işıtsın iyimserliğin içimi
Dağılsın ölüm korkum bir görün
Aydın bakışlarını arıyorum

(1961)

İSTEKLERİMİ ANLATIYORUM

Hastanenin saçağına kuşlar konuyor
Güvercinler, gözleri umut yeşili

Gidemem ciğerlerim yetmiyor solumaya
Bu ayaklar benim değil ne zamandır
Kolum kanadım sensin anlamıyorsun
Özgürlüğüm, aydınlığım, inancım
Hepsi senden mutluluğum gibi anlasana

Yolumuzu düşman bakışlar çevirmiş
Dişli geceler inmiş çevremize

Gözlerindeki parıltı ışıtsın yolumu
Hızımızı yitirmeden öfkemizi tüketmeden
İnsanca bir şeyler katalım sevgimize
Gecelerden birlikte çıkalım ister misin
Işığı birlikte aramamız güzel olacak

Yataklarda sıramı beklemekten usandım
Al götür bırakma beni ölümle yüz yüze
Seni görmeliyim yanımda savaşırsak
Eksiksem bir şeyler kat sevginden
Yüreğindeki sıcaklıkla bütünle beni

Yorgunsam gücünden ekle dirileyim
Bitkinsem sağlığından ver cömertçe
Aşıla yaşama tutkundan
Büyük ülküler için elimden tut
Al götür beni gerçeklerin çağrısına

(1961)

GİDENLERİ ANLATIYORUM

İştahımın gücünden arta kalan
Yarım dilim ekmekten utanıyorum
Açların boyun büktüğü memlekette
Kişi özgürlükten lâf etmemeli

Sevince alabildiğine sevmeli
Yoksun sevgilerle değil böyle
Bir elmayı dişler gibi diri diri
Ama genç ama ak saçlısın
Evrene bir şey katmalı sevdin mi

İnsan içince tam içmeli
Sıyrılmalı bozukdüzenliğinden
Mutluluktan bir şeyler getirmeli

Sıra sıra yataklardan utanıyorum
Umutsuz sönüp gidenlerden
Gözler bakarken ateş böcekleri gibi
Mayıs gecelerinden ses vermeli

Kişi ölecekse insanca ölmeli
Böyle tutsak böyle utanç içinde değil
Bir sedyede boylu boyunca uzatılmış
İki eli iki yanında gitmemeli

(1961)

UTANCIMI ANLATIYORUM

Ölüm hiç özenilecek şey değil
Sevgilim ölümün güzeli yok
Bir çirkin oluyor insan görme
Sevmeyi düşünmeyi unutuyor
Ölecek misin ya bir meydanda öl
Ya da dağ başında kavgan için

Böyle yatakta miskince ölme
Önce ellerden başlıyor ölmek
Hiç yarım kalmış bardak gördün mü
Kurulmuş kol saati komodinin üstünde
Kitap gördün mü az önce okunmuş
Görmedin değil mi ben çok gördüm
Bu yüzden ölemiyorum kolay kolay

Hem ölmek de nerden aklıma geliyor
İnsanlar uzayda dolaşırken
Bütün ilaçları içiyorum yarım kalmasın diye
Bütün kitapları okuyup bitiriyorum
Boyuna kuruyorum saatimi
Getirdiğin portakalları yiyorum

Sana beğendirmek zorundayım kendimi
Bilmiyorsun direnmek zorundayım
Utanırım karşında ölmekten
Yaşıyorum böyle daha iyi

(1961)

Karakılçık
(1969)

AYDIN MISIN

Kilim gibi dokumada mutsuzluğu
Gidip gelen kara kuşlar havada
Saflar tutulmuş top sesleri gerilerden
Tabanında depremi kara güllelerin
Duymuyor musun

Kaldır başını kan uykulardan
Böyle yürek böyle atardamar
Atmaz olsun
Ses ol ışık ol yumruk ol
Karayeller başına indirmeden çatını
Sel suları bastığın toprağı dönüm dönüm
Alıp götürmeden büyük denizlere
Çabuk ol

Tam çağı işe başlamanın doğan günle
Bul içine tükürdüğün kitapları yeniden
Her satırında buram buram alın teri
Her sayfası günlük güneşlik
Utanma suçun tümü senin değil
Yırt otuzunda aldığın diplomayı
Alfabelik çocuk ol

Yollar kesilmiş alanlar sarılmış
Tel örgüler çevirmiş yöreni
Fırıl fırıl alıcı kuşlar tepende
Benden geçti mi demek istiyorsun
Aç iki kolunu iki yanına
Korkuluk ol

(1968)

KARAKILÇIK

Topladı sarı saçlarını karakılçığım
Gitti gelincikler eteğinde
Susmuşluğunda yüzyılların
Bağrıyanıkların susamışlığı içinde
Kaldı geride kara toprağım

Döner ha döner taşlar dere boyunda
Taşlar kıracak çorbalık ister
Oğlan ister bulgur bulamaç
A beyler ben ni'deyim

Aç toprak susuz toprak
Azık ister bencileyin
Uzanır yakama yapışır
Torbanın dibinde iki hapaz tohumluk
Varıp serpsem kurtlar kuşlar kapışır
Oy ben kime gideyim

Gelin oldum geldim köye
Sarı öküze eş oldum
Eş oldum da karasabana koşuldum

Bir verirdim on verirdi
N'oldu bu hayın toprağa
Geçtim bir çift öküzünden
Şimdi bir çift at ister
İlaç ister tohumuna
Aman da beyler o da ne ki
Benden süperfosfat ister
Oy ben nere gideyim

(1968)

KÖRÜZ BİZ

Ne varsa otu ot çiçeği çiçek yapan
Tan yerinden söken umut ışığı
Sizin olsun çekik gözlü kardeşlerim
Aydınlıklar sizin olsun körüz biz

Bakmayın gözlerimizde yansıyan yıldızlara
Göremeyiz ateş böceklerini biz körüz
Çakıp sönen deniz fenerlerini uzak kıyılarda

Bir bulut ne zamandır üstümüzde
Yurt genişliğinde bir bulut kurşun ağırlığında
Nilüferler sularımızda açar mevsimsiz
Dolanır ayaklarımıza boğum boğum
Yapraklarında iri leş sinekleri uçuşa hazır
Göz göz oyulmuş gözlerimiz biz körüz
Göz çukurlarımızda radarlar fırıl fırıl döner
Körüz el yordamıyla yaşıyoruz bu yüzden

Yeni körler peydahlarız uyur uyanır
Ayak altında eziledursun karınca sürüleri
Ezenlerle bir olmuş yaşıyoruz ne güzel
Çizme onlardan içindeki ayak bizden ne iyi

Körüz biz kör uçuşlara açmışız toprağımızı
Ha düştü ha düşecek çelik gagalardan
Mantar mantar açılan tohumlar sıcakta

Gözlerimizi bir pula satıp geçmişiz bir yana
Ölmesini bilenlere yüz çevirmemiz bundan
Körüz gözbebeklerimize mil çekilmiş mil
Acımasız bir namlu şakağımızda soğuk
Tetikte kendi parmağımız yabancının değil

(1968)

AYDIN MISIN

Kilim gibi dokumada mutsuzluğu
Gidip gelen kara kuşlar havada
Saflar tutulmuş top sesleri gerilerden
Tabanında depremi kara güllelerin
Duymuyor musun

Kaldır başını kan uykulardan
Böyle yürek böyle atardamar
Atmaz olsun
Ses ol ışık ol yumruk ol
Karayeller başına indirmeden çatını
Sel suları bastığın toprağı dönüm dönüm
Alıp götürmeden büyük denizlere
Çabuk ol

Tam çağı işe başlamanın doğan günle
Bul içine tükürdüğün kitapları yeniden
Her satırında buram buram alın teri
Her sayfası günlük güneşlik
Utanma suçun tümü senin değil
Yırt otuzunda aldığın diplomayı
Alfabelik çocuk ol

Yollar kesilmiş alanlar sarılmış
Tel örgüler çevirmiş yöreni
Fırıl fırıl alıcı kuşlar tepende
Benden geçti mi demek istiyorsun
Aç iki kolunu iki yanına
Korkuluk ol

(1968)

GÖKDELEN

Yüzyıllara ışık tutan
Bir kadın kıyıda ağlamaklı
Yanaklarında öfke
Eteklerinde kan
Düşmüş gökkuşağı belinden

Güneşli bir coğrafyada
Çekmiş perdelerini gökdelen
Bir bayrak çırpınıyor
Takvimsiz bir kasırgada
Asya kıyılarından esen

Kitapların yazdığından
Da önce başladı fırtına
Düşürür yıldızlarını tek tek
Çaresiz bir bayrak boşluğa

(1968)

MERYEM'İN REŞİT

Orhan Kemal ve Yaşar Kemal'e

"Keklik ne ötersin Çukurova'da"
Şahin değil
Bir ince hastalıktır kapmış yavrunu
Bir pençede sermiş yataklara
Terden sırılsıklam saçları
Dudakları liyme liyme ateşten
Derisinde gün yanığı katmer katmer
Bir ağarır bir sararır
Pırnalın karaçalının perenin
İşler tabanında dikeni
Keçebağ'ın sıtması dalağında
Ciğerinde bıçak gibi veremi

"Kendin gurbet elde gönlün sılada"
Açınca gözlerini boz toprağın üstünde
Başucunda telli pullu kavaklara
Kernip kernip ay ışığı dökülür
Seçemezsin ateşböceklerini
Sıçrasa kurbağalar görünür

Çiğ düştü mü saçlarına geceden
Batman döver devşirdiğin kozalar
İki gözün kör olmaya Keçebağ
Ne dedin de Toprakkale'ye ne dedin
Öldüremediğin elciyi ırgatı
Bana gönder mi dedin tez elden

Pus düştü mü Leçe'lere sabahtan
"Yanar yanar Çukurova ördolur"
Salıverir kanadını turaçlar
Kalem kalem sıcaktan
Yılanından geçer leylek
Uyruk geçer böcekten
"Her sineği bir alıcı kurt olur"
Estikçe gök yellerinde estikçe
Bir o yana bir bu yana ırgalanır
Kafkırtların günebakanın kındıran
Ağustosta pampal pampal açılır
Eyhanalar akaleler
Savrulur da boz toprağın tozu inceden
Yakar Reşit'in genzini
Yol yol olur akan terler
Soldurur gül benzini

N'işledin de Keçebağ n'işledin
Çimel kızı Meryem'in oğlunu
Bıldır yangına düşürdün
Bu yıl vereme
Düşürdün de ecel ile eşledin

(1952)

GENÇLİK PARKI

Bütün sokakları bu kentin Gençlik Parkı'na açılır
Bir sevgi ilkyaz sıcaklığında
Bir türkü yükselir uygarlıktan yana
Halktan yana emekten yana bilimden yana
Alır karamsarlığımızı götürür
Mavilikte açılır tomurcuk
Bir halı dokunur yurt güzelliğinde
Geleceğin yollarına serilir

Genç dediğin boy atmalı özgürlüğe doğru
Büyümeli yılların kısırlığında böyle dik
Gün ışırken yerini almalı en önde
Gençlik Parkı'nda coşkudan bayrak çekilmeli

Nerdensiniz yitik umutlarım hangi çıkmazda
Katılın bu aydınca şenliğe korkusuz
Tükenmiş yalanı tutsak bilimin
Susmuş ayakların sünepe ezgileri
Bütün atılımlar gerçekten yana uyumlu
Gökyüzü kızarmış gençlik ateşinden
Evrene kardeşlik getirmeli bilim dediğin
Yücelik getirmeli halkımıza mutluluk getirmeli
Çözmeli kişiyi paslı zincirinden

İşte beklediğin düş gözlerinin önünde
Uysun adımların çağının gidişine
Uysun adımların çağrısına gerçeklerin
Başının içinde ilkyaz bulutu
Altın toprak üstün yaprak
Gençlik Parkı'ndasın

(1968)

UZAK DEĞİL

Çaresizlik akşamında düşünülmüş
Bakıp bakıp kör pencereden
Bir yudum suyun bir solukluk havanın
Sudan da havadan da üstün dost yüzünün özleminde
Alıp başımı gitmek. Atsız arabasız
Alıp başımı düşlerin çıkmazından
Karışmak taşa toprağa. Yolculuk...

Bir sabah... Zeytin yeşili Ege kıyılarında
Nemli bakışlarında çoban köpeklerinin
Başakların ağırlığınca verimli
Savrulan harmanların bereketinde
Savrulan alın teri insan emeği
Beni yaşamla içli dışlı eden
Yaşamla güçlü yaşamla bilinçli
Yol boyu adımladığım mutluluk

Sabah sisinde Havran yolunda
Katırtırnaklarında gülüş alev sarısı
Toprakta coşkusu tava gelmenin
Dal uçlarında duyarlık
Ulu çamlara köknarlara karşı
Yaşıyorum diyebilmek göğüs dolusu
Bir otuyum diyebilmek bu toprağın
Menekşe değil bir ardıç eğilmezliğinde
Özsuyunda üreme varolma tutkusu
Ne kişiye boyun eğme ne kula kulluk

Gene de bitkiselliğin körlüğüne değil
İlkel ışımanın ezgisinde insanca
Bir aydın başıboşluğunca sorumlu
Bilinçsiz doğa kadar ustan yana
Bilinçli bir insan duyarlığınca doğal
Salt kurallarına bağlı yerçekiminin
Öylesine özgür

Küf yeşili Anadolu'm ayaklar altında
Tüm yalanlara açık ardına kadar
Gerçeklere tabut gibi örtük
Bir gün böyle yadsı böyle tutsak değil
Köy bizim yol bizim yolcu bizden
Dost yüreği sıcaklığında bir yolculuk
Uzak değil

(1968)

Uzak Değil
(1971)

KARADENİZLİ'SİN

Yüzüstü bıraktınsa bu dost denizi
Bırakıp çıktınsa borasında başına buyruk
Bir sabah balığa çıkar gibi yalıboyundan
Avlamak içindi ekmeğini boğazların ötesinde
Yeryuvarlağını bir yumrukta darmadağın
Ettinse böyle bir baş soğan gibi bu yüzden
Hep bu yüzden menevişli uskumruların
       özlemini çekişin

BİR KOZADA

Geç kalmadık tam zamanı
İş başlamaktaydı başladık
Örüyoruz kozamızı birlikte
Zaman da bir kozadır ipek böceğim
Her solukta örülen
Bir dışındayız bir içinde

Bir gün bizim de dokunacak
Atlasımız çalışkan ellerde
Gül yaprağı inceliğinde duru
Sabahların eridiği mavilikte
Mekikler söyleyecek türkümüzü
En güzeli bu değil mi övgünün
En sürüp gideni ipekte

İlk yağışla başladı diriliş
Özsuyla buğulandı dalların ucu
Yaprağa durdu dipten doruğa
Bahçedeki dut ağacı

(1970)

KARADENİZLİSİN

Yüzüstü bıraktınsa bu dost denizi
Bırakıp çıktınsa borasında başına buyruk
Bir sabah balığa çıkar gibi yalıboyundan
Avlamak içindi ekmeğini boğazların ötesinde
Yeryuvarlağını bir yumrukta darmadağın
Ettinse böyle bir baş soğan gibi bu yüzden
Hep bu yüzden menevişli uskumruların
                                 özlemini çekişin

Oysa sen gözlerini poyrazında açtın Karadeniz'in
Martılarla boy attın keşişlemesinde
Sinop'la Kerempe'yle çakıp sönerekten
Yunuslarla uzak limanlara akıp gittin
Kefkenleyin ardından bakakaldılar sen
Öfkenle, hıncınla Karadenizlisin

Bir kardeşin Ruhr bölgesinde demir çıkarır
Bir kardeşin Arden'lerde kömür
Çaltı'yı dolanadursun Emice'n
Oğlu kana bular ellerini bir karış toprak için
Çekekte yorgun teknelerin güvertesinde
Horon teper aç karına yeğenlerin
Her tanrının günü "Ha uşaklar ha"
Ararlar mutluluklarını Recep'in kemençesinde
Kurur çay bahçesinde yaprak yaprak
Gazel olur mısır tarlasında kızlar
Alır götürür lodos alın terlerini
Elde avuçta bir teneke gaz bir çıkın tuz
Bütün kaygılar aç kalmak açık kalmak

Kırılır uşaklar veremden ilaçsız
Alır götürür takalarla karayel
Yurt dediğin doğduğun yer değil
Doyduğun yer diye ahkâm çıkarmışız
De bana hemşerim ya öldüğün yer

İnanma ne yana gitsen Karadenizlisin
Direk direk ve dalgalarınca özgür
Elde süpürge batı sokaklarında
Ama boğazı tokluğuna tutsak
Deli rüzgârlar başının üstünde eser
Sana dökülür dövüne dövüne
Yüreğimizden Kızılırmak

(1969)

DEFNELER GİBİ

Sevdim döl döş torun torba
Taflan gürlüğü çoğaldım
Kimi tek başıma bozkır yalnızlığı
Kimi çift yaşadım sarmaşıklarca

Neler geldi geçti bir sevgiyi ayırdım
Yaşamayı defneler gibi uzun ömürlü
Pıtrak pıtrak üremeyi kök verip
İçlerinden bir sevgiyi ayırdım

Götürüldümse özgürlüğü yüzüstü koyup
Ben bir yanda sen bir yanda suç kimin
İşsizsem güçsüzsem onlar mı haklı
Ben mi taktım bileklerime kelepçeyi
Duvarları ben mi çektim boylu boyunca
Ben mi vurdum kapılara çifte kilidi

Yılmadımsa dişe diş savaşmaktan her çağda
Sevişip kökleşmekten yorulmadımsa
Söyleyin hadımlar kısırlar güçsüzler
Boş öğretiler çığırtkanı yüreksizler
Kötü mü ettim size karşı çıktımsa

Sevdim haklıdan yana olabilmek için
Çalışıp ezilenden senden yana
Sevdim aldığım soluğu hak etmek için
Ama sevdim halkımca

(1970)

Güvercinim Uyur mu?
(1974)

GÜVERCİNİM UYUR MU?

"Güvercinim uyur mu,
Çağırsam uyanır mı?"

Sömürgen cami güvercinleri sizin olsun
O doyumsuz lapacı güvercinler
Kurşun buğusu güvercinleri severim ben
Kanat uçları çelik yeşili

Kuş dediğin piyerlotisiz yaşamalı
Adaksız avlusuz şadırvansız
Buluttan süzmeli suyunu
Kuşçular çarşısında tüy dökmemeli

Benim güvercinim tunç gagalı
Kimlerin bakışı kardeşçedir
Kimlerin bakışı düşmanca
Kendisi hangi kavganın güvercinidir bilir

261

Tüneyip acımanın saçaklarına
Miskin sevilerle bitlenmez
Kanadından çok pençesine güvenir

Barış taklaları süzülmeler
Gagalarda zeytin dalı
Perendeler maviliklerde
Tüm gösteriler resimlerde kalmalı

Güvercin dediğin uyanık olmalı
Tüyler duman duman öfkeden
Yanıp tutuşmalı gözbebekleri
Sevgiden tıpır tıpır bir yürek
Özgürlüğünce dövüşken

(1971)

GÜNEŞTEN UZAK

Konuklarımız için yıkadık sizin için
Kıyılarımızı bol köpüklü dalgalarla kıştan
Nisan sabahlarının buğusu saçlarınızda
Mavi gözlerinizde sevinç
Telli turnalarla geldiniz
En saydam mavilikleri çektik üstünüze
Toroslar'dan Ağrılar'a kadar
Üzüntülerden arındık sizin için
En güleç yüzümüzle çıktık karşınıza
Papatyalar gibi tekdüze
Erkenden uyardık çiçeklerimizi
Kalkınmamız sizden olacakmış
Başımızın üstünde yeriniz

Izgaralarda lüferler emrinizde
Tabaklarda mayonezli levrekler
Ağız tadıyla yiyemediğimiz
Kirazlar canerikleri çilekler

Bulutun kınalısı denizin mavisi bizde
Yurdumuza bir renk de siz getirdiniz
Esmerler sarışınlar yeşil gözlüler
Hoş geldiniz

Biz bu güneş ülkesinin çocukları
Öfkeyle umutla beslenen
Yaz geldi mi ebegümeci madımak
Kar yağdı mı dağda bayırda
Davarımız sığırımızla yarı tok yarı aç
Biz bu güneş ülkesinin çocukları
Kuru emzikle büyüyen gecekondularda
Odsuz ocaksız
Bu mevsimde sevilerden uzak
Yoksun tüm aydınlıklardan

Sabrımızdır geleceğin harcını özleştiren
Bir tuğla bir tuğla daha
Bir avcumuzda kum
Bir avcumuzda kireç
Günler günler boşuna harcanan
Okunmuş bir mektup kirliliğinde
Buruşturulup atılmış günler

Yazısız kâğıtlarca anlamlı
Alyuvarlarla beslenen özlem
Kum kireç ölçek ölçek zaman

Biz bu güneş ülkesinin çocukları
Güneşi konuklara bırakan

Oysa bardaklarda altın yeşili şarap
Marmara'nın midyeleri soframızda
Olgun domatesler taze soğan
Derilerde Afrikalı yanıklığı
Hoşi Ming'li savaş çocuklarıyla birlik
Garcia Lorca'lı kızlarla bir arada

Karşıda Nâzım'ı dalga dalga getiren deniz
Oturup diz dize bir kıyıda
Aynı balık çorbasını kaşıklayabilirdik

Biz bu güneş ülkesinin çocukları
Güneşi bulutların ötesinde bırakan

ELİF'İN BABASI

Bir yürekli kişiydi
Elif'in babası bir aydın kişi
Er kişi niyetine el bağladılar sağlığında
Kıblesini şaşıranlar
Amerikan gemilerine karşı diri diri
Kıldılar namazını Dolmabahçe'de
Bir öğle üzeri

Demir atmış bağımsızlığımıza
Gemiler gemiler çirkin gemiler

Kış ortasında bir güneşli pazardı
Sağdı henüz
Vardır böyle pazarlar yaşantılarımızda
Ama hiç bir pazar böylesine utanç verici
Böylesine aşağılık olamazdı çağımızda
Elif'in tutup elinden babası
Gemiler gösterecekti dizi dizi
Tutsaklığın kirli duvarlarına çizilmiş

Sonra ışıklı yüzler gösterecekti gencecik
Işıklı yüzlerde parça parça bulut
Sonra satılmışlık sonra kahpelik
Sonra yeniden sevinç yeniden umut
Sonra cop sonra şiş bıçak kanca
Benzin patlaması gaz kokusu kan
Köpekliğin köleliğin zincir şakırtısı

Ne varsa öğretecekti Elif'çiğine
Çocuklar değil miydi büyük yüzdelerle
Bütün borçlarımızı üzerlerine alan

Ne varsa tutsaklık adına öğretecekti
Ne varsa uygarlık adına sunulan

Bırakıp bütün bildiklerini bir yana
Bize alanlarda ölmesini öğretti.

(1970)

ÇENGELKÖY'DE TEMMUZLAR

Kirli Boğaz sularında temmuz
Tarihten bir balık çorbasıdır
Dumanı üstünde

Beylerbeyi Sarayı ileride
Kapısında nöbetçiler
Selânik'ten kaldırılan Abdülhamit
Sanki yeni tutukludur içeride

Bir temmuz daha 1940'lardan
Şu Dilnişin'di bırakıp giden iskeleye beni
Zincir kelepçelerde asma kilit
Kaptanın çektiği düdük peşimden
Bir yakarış değildi dağa taşa
Uyarıydı
Çığlık çığlıktı martılar
Bütün yaratıklara çağrıydı

Susuzluktan yanar kertenkeleler
Akrepler, kırkayaklar tutuşur
Bir bunalım ki ceviz ağaçlarından
Sineklerle yağar üstümüze
"Kerime Hatun" seslenir minareden
Uyuyabilirsen uyu düşünebilirsen düşün
Abülhamit karışır düşümüze

İki süngülü arasında bir ozan
Ozanın iki ciğeri verem
Kıyıda boylu boyunca bir okul
Okul değil sayrılar evi
Veremlisi var röntgeni yok
Ayakları suya ermiş düşünür
Sayrılar evinde iki koğuş
Biri uyuz biri bitli
Sayrılar oturmuş kaşınır
Bir de üçüncü koğuş
Kapısı üstümüzden kilitli

Saray temmuz uykusunda yorgun
Sulara vurmuş mermeri
Radyoda bir marş kötürümler için
Yürüyebilirsen yürü

(1971)

KARTON KULELERDEN

Tükenen bir şey vardı yerine koyamadığınız
Kurşundan bir bulut düşlerinizin üstünde
Sınırları aşıyordu barut dumanları
Tıkalıydı ciğerleriniz duymuyordunuz

Çekirge sürülerini beslerken ulusça
Simitsiz büyüyordu çocuklarımız
Ellerimizde karne, açtık belgeli
Kitaplarda bir şefin resmi vardı büyük
Alfabeyi sökmüş, okuyup yazıyordunuz
Sofralarınızda bolluk
Kuşsütüne karışmıştı yalanlar

Yiyordunuz içiyordunuz
Yaşamıyordunuz ki
Serçenin kursağında tohum
Balıktınız martının gagasında
Göreviniz alın terine yergi
Uyurgezerlere dümtekti
Her sokak kendi türküsünü söylerken
Susardınız dört yol ağızlarında
Alanlarda görünmezdiniz
Ustaydınız güpegündüz düş görmekte
Karton kulelerden baktınız gerçeklere
Karataş yosunlanıp yeşeredursun
Siz mermerler gibi aktınız

Ölüm sınırlara gelmiş dayanmıştı
Çağ dışı olmuştunuz gençliğinizde
Mezar taşlarınızla kucak kucağa
Takvimlerde oğlak burcu
Dedenizin belinde kuşaktınız

(1973)

SULARDA GÜNEŞ OLMAK

I

Kıyıda kum çakıl yosun. Gidenlerden
Boşuna değil martıların hırçınlığı
Köprülerin altından geçen sular var ya
Kürsülerde lâfını ettiğimiz
Biraz da köprülerin üstünden akmalı

II

Yeşilin sarıya dönüşü korkutmasın seni
Morarıp silinmesi maviliklerin
Kırmızının akıp gitmesi damarlarından
İşimiz kolay değil o denli
Kargaların içgüdüsel ölmezliğine inat
İnsanca ölebilmeli

III
Ne ilkyaz bulutlarında yıkanan
Bir mezar taşısın uzun ömürlü
Ne kış güneşinde silkinen selvisin
Bir mezarlık değilsin anıların gömüldüğü
Yeşilin bitkiselliğini sürdürmeye gelmedin

IV
En güzel sarılarda düşsel
Bir ayçiçeği güneşte tek başına
Bir de karanlık sularda güneş olmak
Bu daha güzel

(1973)

BİZ DAR GEÇİT BEKÇİLERİ

Yaşam durur mu biz yerimizde saysak bile
Hele bunalımlı bir döneme girdik mi
Oluşturur çocuklarımızı mevsiminden önce

Kapatır gerekirse arayı yaşamdır o
Durmuş oturmuş adam çıkarır bir çocuktan
Ya da bir delikanlı başında kavak yelleri

Yaşam mı yapar bilemezsin yoksa biz mi
Biz dar boğaz bekçileri yaşlılar
Dalından koparır da sarsak ellerimizle
Sıyırır kabuğundan cascavlak bırakırız
İsteriz ki ezilmesinler ayak altında
Çetin ceviz olsun evlatlarımız

Süreriz önlerine tekel kitaplarını
Sayfaları kırmızı kalemlerle çizilmiş
Ders isteriz çalışsınlar ha babam ha
Bir tıkaç kulaklarına öğütlerimizden
Büyüsünler dizlerimizin dibinde

Burun kemerlerimizde emekli gözlüğü
Bir mandıra düşlerken yeni tasarılarda
Geçip karşılarına azşekerlimizi içeriz
Bir bakarız uyumuşlar büyümüşler
Başlarına buyruk çetin ceviz olmuşlar
Kara kara düşünür kaşırız ensemizi
Düşünen bir babayızdır bir babahindi

Ne beklemiştik önce ahlâk değil mi
Biraz da saygı kendimiz için
Erdemli olmalarını istemedik mi
Mutlulukları değil miydi tek dileğimiz
Hani şu ömür boyu beklediğimiz mutluluk
Bekleyip de erişemediğimiz
Bir ömür boyu da siz bekleyin demedik mi

(1972)

BİR SINAVSA EĞER

Girdiğim çıktığım yerler tanığımdır
Kapımı çalanlar gece yarılarında
Okunan kararlar yüzüme karşı
Korkmuyorum duygusal bitişlerden
Tükenen kurşun kalemler tanığımdır

Ölümle burun buruna bir gençlik boyu
Sıtmasında vereminde Anadolu'nun
Dönülmez bekleme kamplarında
Suçsa suç, sorguysa sorgu, hapisse hapis
Yaşamak gezin gözün arpacığın ucunda
Elimde hep böyle tükenen bardak

Yaşamak bir yürek işçiliği günümüzde
Ölümün anlamı değişti birden
Eskiden yataklarda beklerdik
Ders mi sınav mı görev mi belli değil
Gelecekse ayakta bulsun dimdik
Açılan bir sorumsuz yaylım ateş
Bir top karanfildir göğsümüzde

(1971)

Kulağımız Kirişte
(1983)

KULAĞIMIZ KİRİŞTE

Yaşlılar adına konuşmanın tam zamanı
Kütükte yaşı yetmişlerin arasındayım.
Bir tekerlemenin çağrışımında
İnanıvermeyin işimin bittiğine
Ne var ki dertlerimiz tasalarımız artıyor
Yaş ilerledikçe.

Biz yaşlılar türlü nedenlerden
Kuşlarla birlikte uyanmak zorundayız,
Saksıdaki karanfil bakım ister,
Tüm çiçekler, ağaçlar, parklar
Yollar, köprüler bakım ister,
Balıkçı barınağı, barınaktaki gemiler,
Gün doğmadan deniz fenerimiz,
Kıyılarımız, gökyüzü, bulutlar,
Bir uçtan bir uca esen rüzgâr...
Bütün gün gözümüz üzerlerinde olmalı.

Bu arada torun torba, çocuklarımız,
Martılarla birlikte çoğalan...
Onlar da bakım ister kuşkusuz.
Erken de kalksak, alaca karanlıkta
Hangi birine yetişebiliriz ki...

Biz yaşlılar için en önemlisi
Kuzeyden esen nemli rüzgârlar,
Karayel de önemli, gündoğrusu da...
Raporlar yazılmalı hava raporları,
Soğuk, sıcak tüm dalgalar, akımlar
Alçak basınç, radyolarda, yüksek basınç
Güneyden esen yellerle birlikte
Sisli puslu havalar da duyurulmalı.

Yaşlandıkça azıyor romatizmalarımız
Bir günümüz bir günümüze uymuyor,
Artıyor ağrılarımız sızılarımız
Kapıya kim vuracak belli olmaz,
Kulağımız kirişte olmalı.

(Ekim, 1981)

BAROK SARISI

Poyraza dönük bir yamacında Gideros'un
Görmüş geçirmiş bir barok çalısı kar altında,
Karayelde dal dal titreşir durur
Çağların derinliğinde kökleri
Düşünür geçmişini -yalnız değildir-
Kalyon kalyon uygarlıklar geçer önünden,
Allı pullu bandıralar yansır sulara,
Venedikli kadırgalar, Ceneviz barkaları,
Ambarları altın gümüş baharat,
Pontus korsanları pupa yelken...
Tüm çağlar sayfa sayfa belleğindedir.

Şimdi bir temmuz güneşidir özlediği,
Temmuz güneşinde alev alev bir sarı,
Bir sarı ki uzak adalardan kaçırılma,
Serçelerle dal uçlarında cıvıldaşan
Böylesine bir sarıdır özlemini çektiği...

Gideros kıyılarında yoksul bir barok çalısı,
Günü geldi mi mutlu bir barok çiçeğidir,
Bağnaz martıların çığlıklarında
Düşer sarıların en ateşlisi yüreğine
Orda sarıların en yiğitiyle birleşir.

Şu durmadan değişen evrende
Ölümsüz bir yaratı bırakmak değil mi amacımız,
Sözgelişi kalıcı bir ürün?
Barok sarısı mı yaratmak istediğimiz,
Gideroslu bir kadının tutkusuyla en azdan
Bir sarıyazmada sürdürebilmeliyiz.

TALİMLERİMİZ*

Süresizdi yaşamalar,
Dar zamanlar içinde coşkulu.
Vakit yoktu göz ucuyla bakmaya
Yaprağa yemişe giderayak.
Koparmaya el değmiyordu ölümden,
Açılıp saçıladursun dalında meyva.

Oysa mersinler, biledinler, barok çiçekleri,
Birlikte yaşamanın sevincindeydiler,
Talim dalı, zeytin dalı sarmaş dolaş...
Ölüm çağrıları kapılarda,
Davullarla duyurulan kara haber savaştı.

Sevişme bir törendi, ayrılıklar için,
Dul gelinlerdi geride bırakılanlar...
Solanlar gün görmeden,
Boy atmadan büyüyen oğlanlar...

Karasabanın demiri paslı,
Sürülerdi gün günden azalan,
Arılar kovansız,
Genç kadınlar tarlalarca yoz,
Sarıyazmalar soluk,
Baltalar duvarda asılı...

---

* Talim: Cidelilerce defneye verilen ad.

Savaştı türkülerimizi yakıp kavuran,
Kurşun gibi işleyen, ciğerlerimize.
Açlık bi yandan,
Verem, sıtma, frengi bi yandan,
Erkeksizlik, evlat acısı...

Settülbahir, Arıburnu, Çanakkale...
Çanakkale'de dişe diş savaşan
Yanı kılıçlı bir küçükzabit...
Bir kahraman... Benim gözümde.
Bir tarihti, kendi eliyle yazdığı,
Bir yitik coğrafya desem de olur,
Sınırları kendi eliyle çizilen...
Sina Çölü, Musul, Kerkük, Hemedan.

Bir uçtan bir uca Bağdat Hattı,
Bağdat Hattı'nda bir özel tren,
Trende İstanbul kadar büyük paşalar,
Enver Paşalar, Cemal Paşalar,
Golç Paşa, Sanders Paşa, Falkenhayn...
Her zaman her yerde her şeyin üstünde
Doyçland Doyçland...
Basamaklarda bizimkiler, sömürge subayları
Küçükzabitimizse Ey Gaziler'i tutturur
Çöllerde yayan yapıldak.

Şimdi anımsıyorum uzun boyluydu ağabeyim
İlk kezdi görüşüm Çanakkale dönüşü
Pırıl pırıldı ceketinin düğmeleri
-Kucağına beni almıştı da biliyorum-
Gerçekten de belindeydi kılıcı,
Sırmalı bir de kalpağı vardı
-Kurtuluş Savaşı'nın kara kalpağı değildi-
Görüş o görüş!

Bir resim kalmıştı ondan konsolun gözünde
-Aramalarda götürülmüş olmalı-
Kim bilir nerelerdedir kılıcı?
Aynalıçarşı'da değilse, Çanakkale içinde,
İstanbul'da Kapalıçarşı'dadır.

Şurada, Yalı'ya giden sokaktaydı evimiz.
Düşlerinin çıkmazında yorgun,
Çatısını zor taşımakta şimdi!
Bir anı, o mutlu günlerden:
Bahçesinde zerdali dalları...

Anılarda üreyip çoğaladursunlar,
Dönmedi gidenlerin hiçbiri...
Yitirilmiş savaşlardan kalma
Ceviz sandıklarda paslı madalyalar...
Bağlarımız bu yüzden bakımsız,
Bu yüzden zeytinlerimiz yabanıl
Ormanlara çekildikleri doğrudur.
Gelgelelim talimler bizim talimlerimiz
Yaz kış dökülmeyen yapraklarıyla evcil
Gelecek çağların utkularını şimdiden
Birlikte yaşamaktayız.

(Cide, 1977)

SARIYAZMALI

Ya dertlisin, ya sevdalı...
Eşsiz kalmış keklik misin?
Uçamazsın, sekemezsin.
Alan almış, satan satmış
Beşik kertmesi başın bağlı
Başını alıp gidemezsin!

Yavru kuşum, bu sendeki güzellik
Başlık mıdır, harçlık mıdır babana!
Değerini biçen biçmiş
Kız evlatsın, eğeceksin boynunu
Şerbetini içen içmiş
Davul zurna gideceksin yabana!

Gelin değil yoz tarlada ırgatsın,
Kadın değil, ana değil, kul, köle.
Kargacaklı'm, Aybasanlı'm, Malyaslı'm,
Babandan mı miras sana bu çile?
Bir çile ki soydan soya,
Bir acı ki anadan kıza.
Yârin gider gurbet ele bekle, dur.
Kiminin künyesi Kore'den gelir,
Kiminin mektubu Alamanya'dan,
Kuşun kanadında gelir, okunur.

Bir gece yarısı çalınır kapın
Alıp götürürler erkeğini,
Kaçak mıdır, kaçakçı mı bilmezsin,
Yüreğine kızgın hançer sokulur.
Uyku girmez kalan* yaşlı gözüne
Gökte misin, yerde misin
Bekleyişin ezgi olur, açılır,
Türkü olur yaprak yaprak dökülür:
"Pencerelerde perde misin?"
Kara kışta limon fidesi gibi
Isıtırsın yetimini koynunda.
Boynu bükük büyütürsün yavrunu.
Avucu kınalı, gözü sürmeli,
Tabanı nasırlı, eli kazmalı,
Kara toprak ellerinde un ufak...
Ellerinde bir tek tohum
Dolu dolu, sarı sarı bir başak!

Al paçalıklı sırtı küfeli,
Başı çifte çifte sarıyazmalı
Siler gibi alın terini çevrene
Bu kara yazıyı alnından silip
Kendi özyazını, kendin yazmalı!

(Cide, 1978)

---

* Kalan (Galan): Artık.

BUNCA YÜZYILDIR

Biz uygarız haaa!..
Biz, diyorsam... Yanlış anlaşılmasın,
Bir Türk olarak söylemiyorum
Türklük adına değil, konuşmam...
Hem ne haddime,
Bu işin tapusunu taşıyanlar var cebinde.
Aman yanlış anlaşılmasın,
Biz, diyorsam...
Dünyalılar adına konuşuyorum,
Biraz da insan olaraktan,
Biz diyorum, biz uygarız haaa!..

Kuşkuluyum durumumuzdan doğrusu,
Uygarlıkta nerelerdeyiz,
Kaç karış ilerde?
Öyle ya bunca çaba
Bir düzey tutturabilmek içindir,
Bir amaca ulaşmak için olsa olsa.
Soruyorum, nereye vardık,
Arpa boyu yol alabildik mi?
Hangi düzeydeyiz uygarlıkta?

Hele bir göz atalım özgeçmişimize
Neler yapmışız bu uğurda,
Neler başarmışız insan olarak?

Taş dönemi, kazma, balta
Tunç dönemi, demir dönemi,
Kılınç kalkan, top tüfek...
Daha da önemlisi
Uzayda perendeler ata ata
Füzeler çağına girmek...
Bütün bunlara izninizle
Vurduk mu yaldızını sanatın,
Uygarlığın görevi tamam!
Tüm bu çabalar, sözümona,
İnsan olmamız içindir,
Uygarlık bi yana!..

Ne denli kalın kafalı,
Ne denli dar görüşlüymüşüz ki
Öğrenelim diye insanı iyice
Kıymışız binlercesine acımadan.

Yetmiyormuş gibi,
Tüm ezilmişlere yıkmışız
Bu kırımların suçunu bir de...
Ne insanmışız, değil mi?
Tüh be!

SEN BU ÇERÇEVEDE

Kim çekmişse çekmiş bu resmini.
Kendinden de renkler katmış çekerken.
Daha çok doğa koymuş içine,
Deniz koymuş, yosun koymuş.
Yüzün deniz mavisi,
Gözlerin yosun yeşili!

Hele bu dut ağacından çerçeve...
Her bakışımda şaşırtan beni
Becerisi değil de yapanın,
Beğenisidir daha çok,
Sana giden ağacı bilmesi...
En dillisini seçmiş doğrusu,
Dut da sözlü ağaçtır haaa!..
Mavilerinle, yeşillerinle,
Daha bir başka duruyorsun içinde...
Çerçevene çok yakışıyorsun,
Yalnızlığıma uyduğun gibi...

Neresinden başlayayım,
Çerçeveyle bütünleşen resminin?
Senin güzelliğini mi öveyim önce,
Esintili, deniz gibi değişkenliğini mi?
Tutup bu kıyılarda resmini çekenin
Sanatını mı dile getireyim,
Yoksa yaratıcısını mı çerçevenin?
Bakışlarımdadır diye anlamın tümü
Yalnızlığımla mı övüneyim?

Hep bu aylarda... Hava birden karardı da
Bir poyraz koptu mu Balıkkayası'ndan,
Sökülür gider içimdeki tüm ağrılar
Poyraz da sağlam havadır haaa!..

Hiç şaşmaz kardır arkası...
Seni alır da karşıma, yosun yeşili
Gözlerine dalar giderim.
Yitirdiklerimi ararım maviliğinde.

Yollar, beller kapalıdır artık,
Deniz bile kar altındadır.
Gemiler barınakta çifte demirli...
Ne akım, ne yüksek gerilim,
Kenti saran karanlık, kar altında...
Bir tek mumdur seni diriltip yaşatan
Yetiş benim düş gücüm, göster kendini!

Çarmıha gerilmiş gibisin karşımda
İsa mısın, Meryem mi, belli değil...
Ben miyim, dört duvarla kuşatılan,
Sen misin düşünen, Şevki Usta'nın çerçevesinde?
Düşlerim mi, yaşamım mı,
Şu eriyen mum ışığında!..

(Cide - Avcılar, 1979 -1983)

YAKINMIYORUZ

Kara kışta
Karlı dağlardan aşıp
Karşı köye okula giden çocuk,
Sakın bu yorgun delikanlı olmasın?
Hani azığı belinde yalın ayak
Uzunyazı'da sığır güden?..
Kim bıçakla kazır gibi
Kazımış içinden acımayı
Kim silmiş sevgiyi yüreğinden?

O değilse bir başkası,
Terme Çayı'nda çimen.
Sıskası, sıtmalısı değil de,
Bir gözünü kısıp da hani
Nişan alır gibi bakan çocuk?
Gün boyu derede bükte
Kışın ahır sekisinde yatan,
Tarlada tapanda yazın,
Çeltikte, mısırda, tütünde...

Dalına basılınca gözüpek,
Kayalar gibi acımasız...
Sertliği bir yana
Dağ keçisi kadar da çekingen...
Elindeki yavan ekmekten utanır,
Gizler küçüğünden,
Büyüklere sigarayla görünse
Yerin dibine geçer...
Bir üveyik kadar ürkek...

Köydeki değilse kentteki
Yan tutmanın esrikliğinde
Aç susuz,
Stad kapılarında bekleyen.

Senin çocuğun değilse eğer,
Benim çocuğum.
Ölen değilse, öldüren!

Bir görevin vardı öğretmenim,
Kim unutturdu sana?
Öğütler verirdin kaşların çatık
Hiçbiri işlemedi mi onların yüreğine?
Söyle öğütler mi, öğretmenim,
Yoksa kurşunlar mı etkili?

Babalar, dayılar, amcalar,
Siz anneler, teyzeler, ablalar,
Çok mu önemliydi günlük işleriniz,
Hani çok severdiniz çocukları?

Yakınmıyoruz yanlış anlaşılmasın,
Size söylüyorum, sayın senatörler!
Hiç gerek yok böyle alınmanıza,
Kınamıyoruz da...
Suçun tümü bizim olmalı,
Seçip getirmedik mi sizleri başımıza,
Ey para sayar gibi rahat konuşanlar!..

(Cide, 1978)

KAÇ PARA EDER

Arıyorsun yıllardır...
Oysa ellerindeydi aradığın,
Yirmisini yeni sürüyordun!
Nerden bileceksin, değil mi,
Gençlik işte!

Şişe sattığın günlerdi,
El kantarında gazete sattığın günler...
Topu topu üç bardak şarap ederdi,
Ayak üstü içilecek,
Bir paket de Yenice.

Ne gazeteler para ediyor şimdi,
Ne de boş şişeler...
Etse de kulak asma!
Ayakta bile dikilemezsin
Koltuk meyhanelerinde.
Kaç para eder!

(Avcılar, 1983)

YEDİ CANLI OLMAK

Arada bir düşündüğüm oluyor:
Var mıyım, yok muyum ben de,
Bu yeryüzünde?

Baki Hoca'mızın söylediği gibi
Kabuğumdan sıyrılıp
Hakka yönelmediğime göre henüz
Sedef-i şerifimin içindeyim demektir
Yaşayıp gidiyorum, sizin anlayacağınız!

Nasıl mı yaşıyorum?
Bu da mı sorun!
Yaşıyorum ya siz ona bakın!
Gençken bir şiirimde,
"İş doğmakta değil!" demiştim,
"Gelmişken yaşamakta!"

Dekart gibi düşünüp
Dekart gibi konuşursam eğer:
"Yaşıyorum..." Eee şu halde?
Canım anlayıverin gerisini,
Hiç kuşkunuz olmasın ki, "Varım!"

Onun gibi de değil, açıkçası
Ben var olmak için yaşıyorum.
Bırakın düpedüz yaşamayı
Yaşamak için geceli gündüzlü
Direniyorum üstelik!

Çare yok,
Tüm acılara direneceksin önce
Daha çok,
Acınmalara direneceksin, iki,
Yokluğa, yoksunluğa... Üüüç!
Güler yüz göstermeyeceksin
Yüzüne gülenlere, dört!

En önemlisi
Ezenlere karşı direneceksin, beş!
Ezilenlerin yanıp yakınmalarına!
Etti mi altı!
Yedincisi mi, can yoldaşım,
Övgülere direneceksin,
Seni göklere çıkaran övgülere!
Ayakların bir kesildi mi yerden
İşte asıl o zaman,
Sedef-i şerifini terkettin demektir!

Kolay değil, yaşamak!
Saati geldi mi, can yoldaşım,
Canını dişine takıp
Soluk almak için bile direneceksin!

BOMBOŞSAN

Tek başınasın alaca karanlıkta
Bilmiyorsun, gün ortasında mısın,
Gecenin bir yarısında mı?..
Yapayalnızsın işte!..
Bir ampul sallanır durur çıplak,
Işığı kendine yetmez...

Bomboşsan,
İçini ısıtacak güçte değilsen,
Tükenmişse yüreğindeki ateş
Vurur çenelerin
Ya soğuktan, ya korkudan...

Kimseler yoksa arkanda eğer
Tek başınaysan...
Çıplak bir ampul o zaman
Sallanır durur tepende.
Eritilmiş bir kurşundur
Saat başı damlayan...

KISALAR, KÖSELER

Gelmişler de bir araya
Ermişler, ermemişler,
İşlerini yoluna koymak için
Sırt sırta direnişe geçmişler.
Sırt üstü gidince de,
Düşmez kalkmaz
Bir hacıyatmaz, demişler

Yeni baştan
Geçebilmek için direnişe
Bir fırın ekmek yiyedursunlar
Bu arada
Yüceltmek isteyenler ünlerini
Güçlerini çenelerine verip
Korkağa çıkarmışlar adımızı.

Öyle ya,
Biz korksak onlar yüreklenecekler...
Eee bu da bir avuntu,
Bu da bir umut!
Ama ne yapsın Sultan Mahmut!
Zaman durmuyor ki durduğu yerde...
Şu ırmaklar var ya, şu akarsular
Neden tersine akmakta?

Bakıyoruz, kısırlar daha kısır
Sinsiler daha sinsi.
Cüceler, bücürler,
Küçükler, daha da küçük...
Ah hele onlar,
Yaşamadan kimliklerini eskitenler!

(İstanbul, 1982)

DEFNELER ÖLMEZ

Bir mevsim var ki üşütür yeşilliğimi
Ben geceyle gündüzü bilirim yılları değil.
Ölümsüzlüğü getirdim kıyılarınıza
Düşlerimde hep uzak denizler... Kıyılar...
Gidemem, bağlıyım toprağıma.

Dalımla yaprağımla, ben
Bir savaş simgesiyim oysa
İnsan kardeşlerimin gözünde!
Utkular düşleyen başlar için
Bir çelenk!

Savaşlar, soykırımlar gördük,
İskenderler, Sezarlar,
Ne atlar kaldı onlardan, ne meydanlar...
Gittiler, yıkılıp birer birer,
Biz kaldık.
En kıraç topraklarda tutunduk,
Biz defneler.

Dal kırılır, yaprak dökülür
Ölür mü acılara katlanmasını bilenler,
Direnenler tüm kırımlara karşı...
Ölmez sevgiden yana olanlar
Defneler ölmez!

(Cide, 1978)

Çocuklarımızın Bahçesinde

UÇURTMA

Çocuklarımız neleri sevmiyorlar ki...
Uçurtmayı seviyorlar sözgelişi,
Bir havalandı mı uçurtmaları
Daha da güzelleşiyorlar.
Maviliklerde gözleri
Özgürlüğü yaşıyorlar
Uçurtmalarla birlikte.

Koparıp da iplerini hele
Bir kurtuldular mı ellerinden,
Öylesine seviniyorlar ki,
Gidiş o gidiş, bile bile...

Kızalım mı umursamayışlarına?
Kendi yaşamlarını izliyorlar boşlukta.
Onlar da birer uçurtma değil mi?

Bizim de ne süslü uçurtmalarımız vardı,
Alıp başlarını gitmediler mi?
Gözümüzden bile esirgedik
Hangi birinin ipi kaldı elimizde?

(1981)

ÇEMBER

Büyük kentlerde artık
Çocuklar çember çevirmiyorlar...
Yazık!

Sokaklar tıklım tıklım
Çocuklara yer yok ki çevirsinler
Ama büyüklerin altında dört teker
Bir gidip bir geliyorlar!

İş mi yaptıkları sanki!
Belki iş... Kim bilir,
Belki de gösteriş...

Nerde bu hoyratça dönen tekerlekler
Gösteriş için...
Nerde o başımızı döndüren
Şıkır şıkır çemberin güzelliği!

EVCİLİK

Küçüklerin en güzel yanı
-Evcilik oynarlarken izledim-
Korkmuyorlar gelin-güveyi olmaktan,
Ayaküstü evleniveriyorlar,
Evlerini bile dayayıp döşemeden.
Kim bilir,
Oyunu bile oyun diye oynamadıklarından!

Demek onlarda iç içe
Oyunla yaşam,
Düşle gerçek.

Bize gelince
Biz de evcilik oynuyoruz ama
Oyun olduğunu bile bile.

Gene de çok şey bekliyoruz evlilikten
Mutluluk bekliyoruz üstelik,
Bulduğumuzla da yetinmiyoruz ki!..

(1981)

BENİM GÜZEL YAVRUM

Ondan sonra, benim güzel yavrum,
Bir de oğlu varmış padişahın.
Senin gibi akıllı,
Senin gibi yürekli
Başı dik
Gözü pek,
Babasından daha güçlü,
Senin gibi...

Bakmış ki padişah,
Oğlu gün günden büyüyor,
Büyüyüp gelişiyor.
Şunu demek istiyorum,
Oğlu babasını geçiyor.

Padişah bu,
Bizim gibi sıradan baba değil ki
Anladın gerisini değil mi,
"Cellat!" demiş padişah,
"Uçurun başını!"
Demiş ama, benim güzel yavrum,
Dediğiylen kalmış!

(1981)

NE KUŞ, NE BÖCEK

Kuşsunuz diyorlar, çocuklarım,
Bir kuşsunuz diyorlar size
Sığınacak kol arayan
Konacak dal arayan
Bir yavru kuş, türkülerde.

Telgrafın tellerine konarsınız
Ezgilere uymak için
Avcılar vurur sizi.
Yeşil başlı ördek olur
Kalırsınız çöllerde
Böyle bir kuş işte!..

Kuş değil ya çocuklarım,
Böcek bile olamazsınız!
Bunca yük, bunca borç
Omuzlarınıza vurulmuşken
Hem de doğar doğmaz...
Kanatlanamazsınız!
Uç uç böceğim deseler de
Annenizin alacağı pabuçları
Peşin peşin giydirseler de
Uçamazsınız, çocuklarım,
Bu gidişle!

(1981)

ORMANIZ BİZ

Yaşayıp gidiyoruz bir arada
Meşe, çam, köknar, kayın...
Bırakın kirli kentlerinizi,
Biraz da aramızda yaşayın!

Varsın derinde olsun köklerimiz
Yükselmek için yarış bizde.
Görülmüş mü ağacın ağaca kıydığı,
Sevgiyle yaşamak barış bizde!

Mutluyuz birlikte yaşamaktan
Meşe, çam, köknar, kayın...
Sarılın toprağınıza bir çınar gibi
Bize de kendinize de kıymayın.

Ne demiş en büyük ozanımız
Neden kulak vermiyorsunuz sesine
Bir ağaç gibi hür yaşayın dememiş mi,
Ve bir orman gibi kardeşçesine?

BİLMEYECEKLER

Geride kalanlara ne bırakacağım,
Çocuklarıma,
Onların da çocuklarına?

Olsa olsa
Karadeniz'den payıma düşeni...
Beş on evlek yer gökyüzünden.

Ne vermek istedimse sağlığımda,
Ne veremedimse,
Gizlenip kaçışlardan.

Biliyorum bu yüzden
Yokluğumu çekmeyecekler,
Hep yaşıyormuşum gibi gelecek onlara
Biraz ötelerde, uzaklarda.

Babamız diyecekler, dedemiz,
Dur durak bilmezdi,
Dert nedir, tasa nedir bilmezdi...

Neyi bildiğimi bilmeyecekler.

Ocak Katırı Alagöz
(1987)

DÖRT MEVSİM

YÜZYIL'ımı dörde böldüm...
Her bölümü bir mevsim,
Biri kaldı, üçü gitti...
YAZ'ı gitti, GÜZ'ü gitti,
Karlı, tipili KIŞ'ı gitti,
Yemyeşil bir bahar kaldı!

OCAK KATIRI ALAGÖZ

Pelit ovasında,
Nanepınar'da bir ocak...
Taştan değil,
Tuğladan değil,
Dört duvarı taşkömür,
Tabanıysa çamur, çökek...

Kaya kömür, taşkömür,
Nanepınar, dağ, taş kömür,
Kara toprak, kara elmas...

Yüz yirmi beş kara amele
Kömür karası yüz, göz...
Kiminde kazma, kiminde kürek,
Sökebilirsen, sök!

İster Lâver(*) lerde yıka,
İster kok'a çevir fabrikasında,
İstersen maltızında yak!

Bir ocak, Pelitovası'nda
Bir uçtan bir uca dekovil,
Vagonlar salkım saçak...

---
* Lavoir: Kömür yıkama yeri.

Tek başına
Çeker götürür vagonları, Alagöz!
At değil, eşek değil,
Alagöz, ocağın soylu katırı!

Yer altında,
Pir aşkına
Taaa Jerminal'lerden beri çalışır,
Bir avuç arpa hatırı.

Kendi inadına güvenmez de Alagöz,
Tutar kendi dayısına güvenir.(*)
Bütün gün üç vardiya
Oysa anası bellenir!

Yeter bu ocak ağzı aydınlığı,
Alaca karanlık!
Bir menzile bin kez
Ulaşıp ulaşıp dönmek...
Yeter ışısın ortalık
Ne bir avuç arpa
Ne bir tutam ot...

---

* Alagöz'ün babası eşek, anası at olduğundan, katırlar sosyetesinde, babasının adı geçmez, hep dayısının adı kullanılır asiller arasında.

DOST HİPOKRAT

İki bin dört yüz yıl önce bundan
Bizim Hipokrat
Gencecik bir hekim,
Henüz çiçeği burnunda!
Yüceltmek için hekimliği
Tek başına ant içiyordu.
Tanrılar tanrıçalar adına
Tek başına, törensiz, şölensiz:
"Girdiğim evlere..." diyordu,
"Kendi çıkarım için değil,
Hastamı düşünerek gireceğim.
İster özgür olsun, ister köle
Kadın erkek ayırmadan,
İnsan olsun yeter ki..."

"Bana hekimliği öğretenleri
Yaşamımca ana-baba bileceğim
Onlara bırakacağım gerekirse
Yarısını, tüm kazancımın!"

Yıl dört yüz seksen beş, İsa'dan önce
Ne hac var henüz, ne zekât...

"Tam yarısını" diyor, "kırkta birini değil!"
Ne deve var henüz, ne deveci,
Ne uluslararası
Petrol kuyularını bekleyen
Deve sırtında hacı!

İki bin dört yüz yıldır
Hep aramızda Hipokrat
Bir yediğimiz ayrı gider.
Bizimle yaşar, bizimle ölür.
İçli dışlıdır yaşamla
Ölür, ölür dirilir!

Ne var ki hekimlerimiz,
Başbaşa bırakırlar da bizi,
Dertlerimiz, acılarımızla
Yaşamın tadını çıkarmak için
Alıp başlarını giderler.
Onlar yaşar bizim adımıza,
Sağolsunlar!
O geleneksel ant içmelere gelince;
Kutsal hekimlik adına,
Törenlerle her yıl!

Hiçbir değişme yok içilen antlarda.
Bir ellerinde kurdelalı diploma,
Ah o yeni yetmeler...

Billûr kadehlerde içilen and'lar...
Damlası damlasına aynı,
Dozu dozuna...
Tatsa hep aynı tat!

Hipokrat mı?
İnsanlar tümen tümen ölse de
İnsanlık öldü mü...
Varsın yaşasın aramızda
Dost Hipokrat!

AH ONLAR

Karınca duası, ilahi, şarkı, gazel
Hep bu havalar değil mi,
Bizi Hırka-ı Şerif'lerle eskiten!
Oysa sağlam poyrazlar eser,
Bu topraklarda, çağların ötesinden,
En verimlisi düşer yağışın
Tepemizden ırmaklarca boşanır,
Akar akar da temmuzlarda tükenmez.
Düğün dernek
Köpüren dalgalarla yıkanır ayaklarımız
Olmayacak dualarda kurur gözpınarlarımız.
Uzun kasideler keser soluğumuzu,
İçimizi yanık nutuklar karartır,
Padişahım çok yaşalarla
Ölürüz genç yaşta!
Tüm çiçeğe durmuş emeklerimiz,
Silkelenir, düşlerimizle birlikte.
Birilerini sevindirmek içindir
Tüm yaktığımız ağıtlar,
Yas tutmamız güneşli günlerde!
Saygıdan sanırlar suskunluğumuzu!

Toprağına diz çökecek gömütler ararız,
Mermerlerine yüz sürecek anıtlar
Düşündükçe ilahiler söyletirler bize
Konuştukça yürüyüş şarkıları,
Ey gaziler...
Yakınırlar, dövünürler bizim için
Üç öğün haşlanır çocuklarımız,
Kamus-u Türkilerde kaynatırlar.

Kimlerin artığı bu zerdeler,
Bu ağdalı saray lokmaları,
Hangi Abdülhamit paşasından?
Ah, bu tuti-i mucizegûler, ah!..
Kıvıra kıvıra dillerini, kürsülerde
Tecvitlerle canımıza okuyanlar!
Biz netsek, neylesek,
Ne söylesek günah!..

ÇOCUKLARINIZ İÇİN

Savaş sonrası sayımlarda
Şu kadar ölü, şu kadar yaralı
Kadın, erkek sayısız kayıp...
Elden ayaktan düşmüş
Geride bir o kadar da sakat,
O kara günleri anımsayalım diye...

Zorumuz ne insan kardeşlerim,
Amacınız kökümüzü kurutmaksa,
Yetmiyor mu tayfunlar, taşkınlar,
Bunca aç, bunca sayrı, kırım, kıyım,
Sayısız işkence kurbanları...
En kötüsü,
Güngünden başımıza inen bu gökyüzü!

Bu toplanıp dağılmalar ne oluyor
Yüksek düzeylerde?
Neden alçakgönüllü değilsiniz,
Sözünüz mü geçmiyor birbirinize,
Hangi dilden konuşuyorsunuz?

Barışsa eğer istediğiniz
Uçaklardan başlayın işe
Önce çirkinleşen savaş uçaklarından...
Ya insanları bir yana bırakıp
Sivrisineklerin kökünü kurutun
Ya da bataklıkları!

Sonra geçin karasineklere!
Ne kadar da çoğaldılar son sıcaklarda
Yer gök tüm karasinek,
Yaşamımızı karartmak için.
Bir güç denemesi yapsanız da,
Onların yaşamını siz karartsanız!
Yoksa siz de mi barıştan yanasınız,
Onların özgürlüğünden yana?

Kolay değil, barıştan yana olmak
Özveri gerek yüksek düzeylerde.
Gene de bir nedeni olmalı, diyorum.
Bu toplanıp toplanıp dağılmaların.
Phantom'ların pazarlanması değilse
Denizaltıların sığınmasıdır
Dost limanlara
Ya sağcı gerillaların barındırılması...

Ah uzak görüşlü yetkililer,
Bıraksanız da büyük sorunları bir yana,
Biraz da ulusunuz için,
Halkınız için konuşsanız...
Çocuklarınız için...
Kökleri kuruyup gitmeden!

DURMAK YOK

Başka iş gelse elimden
Bırakırım kâğıdı, kalemi!
Konuşmak bizim için değil, anladım,
Hele yazmak...
Ağzımızı açar açmaz suçlanırız!
Savunmaya geçince de
Hem suçlu oluruz, hem güçlü
Suçumuz özgürlüğe özenmek,
Gücümüz de olsa olsa bu özentiden!

Durmadan suçlandığımız yetmez mi
çocuklar,
Bir de siz suçlamayın bizi!
Düşünün ki ilerde
Sizi de suçlayacaklar!

Bir ata öğüdü benden!
Sakın haaa,
Analar babalar adına
Tüm büyükler adına...
Kendileri adına, daha çok,
Paylamaya kalktılar mı sizi,
Boynunuzu büküp
Suçu üstlenivermeyin hemen,
Direnin sonuna kadar!

Ne gülmeniz ayıp, ne konuşmanız suç.
Yüksek perdeden de olsa konuşun!
Sınıflarda konuşun, salonlarda konuşun,
Yeter ki dinleyenler bulunsun!
Söylemek sizin için çocuklar,
Çalıp oynamak da...
Bu türküler atalardan kalmadı mı size,
Bu halaylar, horonlar, zeybekler...
Düğün dernek
Kızlarımız için değil mi, bu süzülmeler,
Yürümeler, tek tek basaraktan,
Karşılıklı çiftetelliler...

Olsa olsa durmak, oturmak suç!
Ne miskinler varmış Uzak-Doğu'larda...
Onlara bakarsanız çocuklarım,
Yatmak, oturmaktan iyiymiş,
Oturmak, ayakta durmaktan...
Ayakta durmaksa, yürümekten iyi...
Siz onlar gibi olmayın!

Hele davranın çocuklar,
Hoooop!..
Emineler, Aliler, Ayşeler, kalkın,
Keremler, Zeynepler, Elifler siz de
Denizler, Defneler tutuşun elele!
Adları sabah ezanlarında
Kulaklarına besmeleyle okunanlar,
Durdular, Durmuşlar, Dursunlar,
Ne duruyorsunuz!..

OKUTMA ÜZERİNE

SINIF'ın ozanıyım mimli,
HABABAM SINIFI'nın yazarıyım ünlü.
Kim ne derse desin,
Çocuklar için yazdım hep.

Canım yansın diye
İşimden atarlar sık sık,
Acısını hep çocuklar çeker...
Kendi öz çocuklarım,
Benden önce.

Şunu demek istiyorum!
İki iş tuttum ömür boyu köklü.
Çocukları okutmaktı ilk işim,
İkincisi,
Yazdığımı çocuklara okutmak.

Ne gençlerden, ne çocuklardan
Bir yakınmam yok
Arap'ın dediği doğru:
"Çocuk mazbut..."
Memleketse görülüyor işte,
Güllük gülistanlık...
Ne var ki güllerin dikeni çok!

TÜRKÇE'MİZ

Annenden öğrendiğinle yetinme
Çocuğum, Türkçe'ni geliştir.
Dilimiz öylesine güzel ki
Durgun göllerimizce duru,
Akar sularımızca coşkulu...
Ne var ki çocuğum,
Güzellik de bakım ister!

Önce türkülerimizi öğren,
Seni büyüten ninnilerimizi belle,
Gidenlere yakılan ağıtları...
Her sözün en güzeli Türkçe'mizde,
Diline takılanları ayıkla,
Yabancı sözcükleri at!

Bak, devrim ne güzel!
Barış, ne güzel!
Dayanışma, özgürlük...
Hele bağımsızlık!
En güzeli, sevgi!
Sev Türkçe'ni, çocuğum,
Dilini sevenleri sev!

OKULLAR DİNLENCEDE

Ağıldaydınız sanki çocuklar,
Yaz geldi mi açılacak kapılar,
Dağlara, bayırlara, kıyılara
Köylere, pınarbaşlarına,
Bir avuç darı gibi dağılacaksınız!

Ama nerelerdesiniz kuzucuklarım,
Hangi yangın yerinde?
Ne oldu o tatlı dilli,
Güler yüzlü öğretmenler,
Onlar da mı dinlencede
Oh, oh, ne güzel!

Ama bu işportacı da kim?
Bu simit tablası da ne?
Nerden çıktı bu boya sandığı?
"Hani ya demli çaydan içen!"
"Taze simit, gevrek simit!.."
"Bayanlar, buyrun!
Sutyenler, don lastikleri,
Çengelli iğneler, yorgan iğneleri!"

"On halka yüz lira,
Şansınızı deneyin!"
"Taze ayran, soğuk gazoz!
Buyrun baylar,
Salonumuz da var yukarıda!
Buyrun öğretmenim!"

HER DİLDE

Hangi dilde ağlar çocuklar,
Hangi dilde güler
Ağlamak her dilde tek anlamda
Çince, İngilizce, Türkçe...

Burnunu çeke çeke ağlamak
Belki biraz çocukça.
Ağlamak, hüngür hüngür,
Ağlamak, içini çeke çeke
İnsanca!

Benim güzel çocuğum,
Ya ağlatmak nece?
Kölelerden, tutsaklardan başlatıp
Günümüzün ozanlarına kadar...
Gözleri bağlı
Sorgularda, işkence evlerinde?

Çağına yakışır yaşamayı
Sevmeyi, düşünmeyi, çalışmayı
Kısıtlayan tüm yasaklar
Yasalardan değil yalnız,
Sözlüklerden bile atılmalı!

Zorla güzellik yok!
Ozan da olsa dizelerinde
Ağlatmaya zorlamak bizi,
Ne ozanca, ne insanca, ne uygarca

HEP BÖYLE

Anlaşıldı kara günler için doğmuşuz,
İçli dışlı olmuşuz acılarla.
Aydınlığın dar kapılarından
Geçemeyiz güle oynaya
Bayram kaçağıyız.

Topladığımız gönül çiçekleri
Kucağımızda sararıp solar
Utanır da veremeyiz
Sunamayız dilimiz dolaşır
Oysa neler düşlemişizdir geceden.

"Hepimiz..." diyor sevgili kızım
Yeni yıl için çektiği telde,
"Esenlikler dolu günler dileriz!"
Benim de en içten dileğim bu...
Daha çoğuna yetmiyor ki, gücümüz.

Hep böyle sevgili kızım,
Yıl boyu,
İçiçe olacağız düşlerimizle...
Biz dileklerle doğar,
Yaşar gideriz, hep dileklerde.
Mutluluklar esenlikler ne varsa
Hep veresiyesinde yeni yılların,
Günebakanız, ayçiçeğiyiz!

ÖĞÜNSEK Mİ?

Kerem de girdi sıraya
Boğaziçi'nde bir lisede yatılı...
Otuz yıl önce
Yatıp kalkma zorluğundan
Bu okulda okumuştu
Torunumun babası da

Biz hep böyle torun torba
HABABAM SINIF'larında yetiştik
Biraz başarı, biraz beceri,
Kitabıma el basarım ki, doğru!

Gördükçe boy boy geriden gelenleri
Seviniyoruz tükenmediğimize,
Biraz da öğünüyoruz!

Geriden gelmeleri güzel de,
İçime bir kuşku düşüyor ne de olsa,
Böyle bizim gibi, diyorum,
Bizim gibi onlar da,
Ya bir gün göçüp giderlerse,
Böyle gözleri açık
Bizim gibi...

KARDEŞLİK

Okullarda hep kardeşiz,
Şaban kardeş, Ali kardeş, Osman kardeş
Yıldız kardeş, Sevil kardeş...
Hele hele kitaplarda.
Şan kardeşi...
Kan kardeşi, din kardeşi...

Durmadan kardeş üretiyoruz.
Tilki kardeş...
Karga kardeş...
Biri peynirimizi kapar,
Biri tavuklarımızı yer!

Tüplerde mi üreteceğiz,
Kendi öz kardeşimizi?

Benim saygıdeğer Hoca'm
Tabancasız kardeşliği öğret bize,
Kafeteryalarda.
Alfabe'den Anayasa'dan önce
Kurşunsuz sevişmeyi!

SELİNTİ

Sen yedi denizin selintisi
Acımasız karayellerle gelen
Bir kıyıda yorgun
Islak kumların üstünde unutulmuş.

Kendi çoğalmışlığında
Hep böyle tek başına
Sen, çocukluğum,
Erken büyümüşlüğüm!

Defnelerce düş gücüm,
Yenilmişliğim direncim
Gel-gitlerle sürüp giden!

İki elim iki cebimde
Kıyılarda gün boyu dolaşırken
Çiğnenmemiş kumların üstünde
Yeniden bulduğum!

Son ürünüm,
Esintilerle gelen yontu
Doğadan bana son ödül
Ölü dalgaların unuttuğu!

SALTANAT

Aydın Ilgaz'a

Sen otellerde benim konuğum
Bense dar günlerde senin evinde...
Kim ne derse desin
Saltanatımız baba oğul
Sürüp gidiyor işte!

Ne saray, ne yalı, ne köşk,
Ne bir dairecik, kooperatiften...
Ne Bebek sırtlarında bir çadır,
Bir gecekondu da yok, memleket işi
Taşlıtarla'larda...

Diyelim ki, elden düşme bir Ford,
Kilometresi üç kez silinmiş...
Dört tekerim de olmadı bugüne kadar,
Ayaklarımı yerden kesecek!

Her saltanatın bir sonu var oğlum,
Buna musalla taşları şahit!

Son sözümü henüz söylemeden
İşte geldim, gidiyorum,
Altımda bir kuru tabut!

Tacım, tahtım sana emanet!

ATAKÖY:
Son Şiirim
19-XI-1991

Elim burnuna değsin,
Isıtayım üşüdüyse
Boşa gitmesin son sıcaklığım!
19-XI-1991

Biz de Yaşadık

7 Mayıs 1911: Cide'de ahşap bir evde doğdu.

"Annemden duyduğuma göre, 'derin kar'da dünyaya gelmişim. Derin kar, Karadeniz kıyılarına 1910'da yağmış. Kimi yerlerde evlerin saçaklarına kadar yükselmiş. Annem, şubat ayında salı günü doğduğumu söylerdi. Karadeniz şivesine göre salıya 'saali' dendiği için adımın da Salih olmasını önermiş. Babam, "Hadi ordan! Salı ile Salih'in ne ilgisi var?" demiş."

Mayıs / Aralık 1911: Annesinin sütü yetmedi. Babasının hekim arkadaşının önerisiyle Kargacak Köyü'nden Kezban Teyze'ye keçi sütü ısmarlandı. Mehmet Rıfat keçi sütüyle büyümeye başladı.

"Annem bana kızınca, "N'olacak, keçi sütü ile beslenmiş, onun için keçi inadı var onda!" derdi..."

Eylül 1917: Cide'de ilkokula başladı. Öğretmeni Hilmi Bey (Erdem) idi. Mütareke yıllarında İngilizler'in Kuleli'yi, Harbiye'yi kapatması üzerine İstanbul'dan ayrılmış, babasının şube reisi olduğu Cide'ye gelmiş asker kökenli bir öğretmendi.

"İlkokulun son sınıfında olan Faruk ağabeyime güvenilerek küçük yaşta okula yazdırıldım. Okulumuz yüksekçe bir tepenin üstündeydi. Yağmurlu günlerde tepeye ağabeyimin sırtında çıkardım. O dönemde okullar altı sınıflıydı. Fazladan bir de ihzari (hazırlayıcı, yetiştirici) sınıfı vardı. Ben, doğal olarak, başlangıçta ihzariye gidiyordum. Kısa sürede birinci sınıfa geçtim. Okula girdiğim günden başlayarak sınıf birincisi olduğumu unutmuyorum."

"Kurtuluş Savaşı günlerinde sadece bir tek okul için üç saat gelirken, üç saat giderken altı saatini yolda geçiren okul arkadaşlarım çoktu. Çarıklarını kapının önünde sıyırıp sınıflara çıplak ayaklarla çıkarlardı..."

4 Temmuz 1918: Vahdettin'in tahta çıktığı gün, Cide Hükümet Konağı'nın önünde "Padişahım çok yaşa!" diye bağırtıldı.

"Sonra Harbiye'nin kapatılması ile başöğretmen olarak okulumuza gelen genç bir Harbiyeli'nin isteğine uyarak kırmızı fesimi yere çaldım, bir kalpak geçirdim başıma, oldum bir Kuvayı Milliyeci. Bilmeden Osmanlı oluşum bitti, oldukça bilinçli bir Mustafa Kemal'ci oldum..."

9 Eylül 1922: Yunanlıların denize döküldüğü gün, Cide'nin çarşı ortasında kurulmuş, defnelerle donatılmış bir sayvandan Tevfik Fikret'in ağzıyla seslendi: "Ey halk yaşa, ey sevgili millet yaşa, varol!"

"Okulumuzu donatıp süsledikten sonra yarım saatlik yolu tepip hükümetin önüne gelmiştik. Bütün ulusal bayramlarda olduğu gibi... Kaymakamdan sonra gene çıkmıştım şiir okumaya... Yeni ezberlenmiş şiirlerim yoktu; ama bildiğim şiirleri daha da coşkulu, daha da yürekten okumalıydım. Herhalde her zamandan başka, yepyeni bir güçle okumuş olacağım ki beni daha içten, daha güçlü bir coşkuyla alkışlamışlardı. Gece de fener alayları vardı. Büyük bir sandığın içine mumlar dikilmiş, sandığın kapaklığını yapan kartona delik delik yazılar yazılmıştı. Bu işleri genç öğretmenimiz Fethi Bey yönetiyordu, yardımcısı da bendim. Mumlar yanınca karanlıkta şu yazı okunuyordu: Yaşasın Şanlı Ordu!.."

Temmuz 1923: Yaz mevsimini Samsun'da ağabeyinin yanında geçiren Ilgaz, artırdığı parayla Sebat Kitabevi'nden 'Cesur Gemici' kitabını aldı. Bu kitaptan esinlenerek *'Rahime Kaptan'* romanını yazmaya kalktı.

"Hem benim cesur gemicim erkek değil, kadın olacaktı. Cideli Rahime Kaptan... Rahime Kaptan'ı bir gün ayna kıç takasında görmüştüm. Başına laz başlığı bağlamıştı. Kara kaytanlı cepkenine yakışsın diye bir de zıpka giymişti. Ayaklarında da çapulalar vardı. Başka bir gün onu kucağında mavzerle de görmüştüm. Mavzeri olan kişi, ister erkek olsun ister kadın, birileriyle vuruşmalıydı."

Ekim 1923: Terme'de ilkokulun altıncı sınıfına başladıktan hemen sonra sıtmaya yakalandı. Cumhuriyet'in ilanının top seslerini yatağında duydu. Bu yatış üç ay sürdü.

"Cumhuriyetçiliğim, Kuvayı Milliyeciliğim gibi hızlı olmamıştı. Gene ateşliydim ama, bu ateş daha çok sıtmadan ileri geliyordu!.."

1924: Ortaokulu ablasının yanında okumak için Terme'den Kastamonu'ya gitti. Kitaplar alıp okuyordu. Bir yandan da ikinci roman denemesine girişmişti.

"Hırsızı Beşiktaş'tan tramvaya bindirmiş, Üsküdar'da indirmiştim. İstanbul'u bilen Nizami, okumuştu da katıla katıla gülmüştü."

1926: Babasından aldığı bir mektubu açtı. Şöyle diyordu, Hüseyin Vehbi Bey:

"Oğlum, ben senin mühendis, doktor olmanı düşünüyordum. Sen kalktın şair oldun, yazar oldun. Ne istersen ol, karışmam; ama neyi iyi yapacağına aklın yatıyorsa onu yap. İstersen zurnacı ol; ama zurnayı en iyi biçimde sen çal!.."

1926: TBMM'nin açtığı İstiklâl Marşı yarışmasına bir şiirle katıldı. Bir süre sonra yatılılardan 73 Hilmi, cebinden bir zarf çıkararak uzattı.

"Milli Eğitim Bakanlığı'ndan geliyordu. Bakanlık, yalnızca teşekkür ediyordu Hilmi'ye, yarışmaya katıldığı için. Bana da teşekkür ediliyordu; ama, üstelik 'bu yolda devam etmem' de isteniyor, başarılar diliyorlardı."

6 Temmuz 1927: Rıza Tevfik'in *"Kabr-i Fikret'i Ziyaret"* şiirinden etkilendi. Oturdukları Kastamonu'nun Aycılar Mahallesi'nde bir mezarlık vardı. Mezarlığın üst yanındaki tümseğe oturdu, Rıza Tevfik'in şiirini okudu. Hayalinden bir sevgili yarattı. Sonra, ölmüş ve bu mezarlığa gömülmüş olduğunu varsaydı. *Sevgilimin Mezarında* adlı şiirini yazdı.

27 Temmuz 1927: Yayınlanan ilk şiiri *'Sevgilimin Mezarında'* oldu. Bu şiir, Kastamonu'da yayınlanan Nazikter Gazetesi'nin 27 Temmuz 1927 günlü sayısında çıktı.

Mayıs / Haziran 1930: Kastamonu Muallim Mektebi'ni bitirdi.

1931: İlk çalıştığı okul olan Gerede Misak-ı Milli İlkokulu'nun müdürü, Kastamonu'dan beri arkadaşı olan Şakir'i dövmüştü. Bunu duyunca Rıfat da bir gün müdürü dövdü. Makamından attı, müdür odasını kilitledi. Sonra kaymakama telefon etti: "Efendim! Bu makamda ikinci bir arkadaşın dövülmemesi için bu odayı kilitledim. İşte anahtarı, buyurun!.." Dediği olmuş, soruşturma sonunda müdür görevinden alınmıştı.

1934: Askerlik görevi on dört ay sürdü, terhisinde Akçakoca'daki eski görev yaptığı okuluna döndü. Aynı yıl 'Ilgaz' soyadını aldı. Soyadı almayana maaş verilmeyeceğinin söylenmesi üzerine Tosya'daki ağabeyi ile iletişim sağlayamadı. O zamana kadar nüfus teskeresinde 'Paçacıoğlu diğer mahdumu Mehmet Rıfat' yazılıydı.

"Öğretmenliğimi, sanatımı, edebiyatımı Kastamonu'da kazandım; orada seçtim... Öyleyse Kastamonu'yu simgeleyen bir soyadı bulmak zorundaydım. Böyle olunca da 'Ilgaz'ı seçecektim."

Ekim 1938: Tüberkülozunun ilerlemesi üzerine İstanbul'a gitti ve Yakacık Sanatoryumu'na yattı.

"On beş gün sonra bakanlığa başvurdum. Üç aylık ödenek gönderildi, üç yüz lira. (Aylığım ise altmış iki liraydı.)"

1940: Edebiyat Fakültesi Felsefe Bölümü'nde okumaya başladı. Burada Hasan Tanrıkut, Salah Birsel, Sabahattin Kudret Aksal ile tanıştı.

1943: İlk kitabı *Yarenlik'*i Sebat Matbaası'nda çalışan dizgici Avadis Aleksanyan'ın yardımıyla kendisi bastırdı.

"İkinci Dünya Savaşı başladı. Bizim de en sıkıntılı yıllarımız, tabii

şiirlerim de bu yaşama paralel gidiyor, hiçbir uydurma tarafı yok...
1940 toplumcu-gerçekçi kuşağın oluşmasında savaşın büyük etkisi oldu..."

Şubat 1944: Sıkıyönetim kararı ile *'Sınıf'* adlı şiir kitabı toplatıldı. Kitap, yalnızca 25 gün satışta kaldı.

24 Mayıs 1944: İkinci Dünya Savaşı'nın yön değiştirmesi ile oluşan hava üzerine teslim olmaya karar verdi. Her sokağa çıkışta yaptığı gibi cebine bir kâğıt yazıp koydu. Şunlar yazılıydı bu kağıtta: "Bugün 24 Mayıs 1944... Evden, müdüriyete teslim olmak için çıktım. Yolda yakalayanlar bilsinler ki sırf bu iş için çıktım yola!"

4 Eylül 1945: Heybeliada Sanatoryumu'nda yeniden tedavi görmeye başladı. Hem yatarak tedavi görüyor, hem de çalışıyordu. Şiirin yanında düz yazıyla da uğraşıyordu. Hem de tutukluydu.

"Behçet Necatigil ile birlikte Heybeliada Sanatoryumu'na babamı ziyarete gittik. Ne o! Babamı ayaklarından zincirle beyaz borudan yapılmış karyolaya bağlamışlardı. Demek benim babam odadan bile kaçmaması gereken önemli bir adamdı..." (Aydın Ilgaz)

14 Mayıs 1946: Türkiye Sosyalist Partisi (TSP) açıldı. Aziz Nesin'le partiye gidip geliyorlardı. Parti üyesi işçilerin bir gün bir istekleri oldu: "Marko Paşa adlı bir mizah gazetesi çıkaralım!"

"Bize bunu öneren ilk önce işçiler, dokumacı Rızalar, elektrikçi Zekiler, Hüsamettinler... Aralarında para bile topladılar. Hemen partinin toplantı odasına duvar yazıları, duyurular yazıldı. 'Marko Paşa çıkıyor!' diye..."

Eylül 1948: *'Yaşadıkça'* adlı şiir kitabı Bakanlar Kurulu kararıyla toplatıldı.

Ocak 1953: *'Devam'* adlı şiir kitabını kendi olanaklarıyla bastırdı.

1954: *'Üsküdar'da Sabah Oldu'* adındaki şiir kitabının ilk baskısı Tan Yayınları'ndan çıktı.

1954: Rumeli Hisarı'nda Yaşar Kemal ile karşılaştı. Yaşar Kemal, Behice Boran'a gitmek için vapura binmişti. Yanlış vapura bindiği için Anadolu Hisarı yerine Rumeli Hisarı'na çıkmıştı. Bu vesileyle üç saat söyleşme olanağı buldular.

23 Şubat 1956: İlhan Selçuk'un yönetimindeki haftalık Dolmuş Mizah Gazetesi'nin yazı kadrosuna katıldı. İlk yazısı sekizinci sayıda yayınlanan 'Aslan Payı' adlı öyküsüdür. İlk sayısı 5.1.1956 tarihinde çıkan Dolmuş'un yazarları 'Vites', 'Dişli' gibi adlarla yazıyorlardı. Ilgaz, Dolmuş'a iki aylık bir gecikmeyle katıldığı için 'Stepne' adını seçti. Bu ve değişik adlarla çeşitli türlerde mizahsal yazıları yayınlandı.

Mayıs 1957: Hababam Sınıfı yazılarının bir bölümünü bir kitapta topladı. Kitap olarak derleme önerisi İlhan Selçuk'tan geldi. Turhan Selçuk kapak çizdi. Ilgaz adını koymak istemedi. Dergideki gibi yazarı 'Stepne' yazıldı. O, Rıfat Ilgaz adının şair olarak anılmasını istiyordu. Hemen kitap beş bin sattı ve 250 lira kazandı.

"Şairliğimi iki paralık edip adımı böyle bir kitabın üstüne koyduramazdım. Şairlik adımı kullanmadan mizah yazarı olmuş, kitap çıkarmış, ilk kez kitaptan para kazanmıştım."

1959: Gar Yayınları'nı arkadaşı Süavi ile birlikte kurdu. Aynı yıl içinde Gar Yayınları Mizah Serisi'nin birinci kitabı olarak *'Bizim Koğuş'* yayınlandı.

20 Mayıs 1960: Birinci şubeden çağrıldı. Başka bir kente sürgüne gönderileceğini öğrendi. Nereye gitmek istediği soruldu. Ilgaz, Adapazarı'nı seçti. Uygun görüldü. Yolculuk için hazırlanması söylendi. Zamanı gelince evden alacaklardı.

27 Mayıs 1960: O sabah sürgüne götürülecekti. 27 Mayıs devrimi ile birlikte sürgünden kurtuldu. (Alıp götürülmek bir başka harekâta, 12 Eylül'e kaldı!) Yazın yaşamında da bazı değişiklikler oldu.

"Toplumda az çok bir açılım başladı. Basında ve çevrede bize gösterilen ilgi arttı. Bazı dergi ve gazeteler, bize sayfalarını açtılar..."

1965: Karamürsel'de üçüncü sınıf bir otelin bir odasında *'Hababam Sınıfı'* romanını piyese dönüştürdü. Daktilosu olmadığı için bir köy kâtibi ile dilekçe fiyatı üzerinden (beş lira) anlaştı. Biri okudu, diğeri yazdı. Yazıları okumadan Ulvi Uraz'a verdi. Yirmi beş gün provadan sonra Küçük Sahne'de üç ay aralıksız kapalı gişe oynadı. Ilgaz, bu oyundan ayda on bin liraya yakın para alıyordu. Oyuncular şöyleydi: Ulvi Uraz, Ahmet Gülhan, Zihni Küçümen, Suzan Ustan, Ercan Yazgan, Zeki Alasya, Metin Akpınar, Abdullah Şahin...

1966: Orhan Günşiray ile Atıf Yılmaz'ın sahibi olduğu Yerli Film Yapımevi, *'Hababam Sınıfı'*nın çekim hakkını satın aldı; ancak sansür engelini aşamadı.

Eylül 1968: Asya-Afrika Yazarlar Birliği'nin üyesi olarak Özbekistan'ın Taşkent kentinde düzenlenen toplantıya (Oktay Akbal ile) katıldı. On gün kadar konuk olarak orada kaldı. Aynı ay içinde Moskova Yazarlar Birliği'nin yeni binasında bir toplantıya katıldı. Başkan Konstantin Simenov'dan sonra bir konuşma yaptı. Konuşmasını Türkolog Radi Fiş çevirdikten sonra *'Aydın mısın'* şiirini

Türkçe okudu. Çok alkış aldı. Radi Fiş, yıllar sonra 19.12.1991'de Kastamonu'da aynı şiiri Rusça olarak okudu.

Ekim 1968: Sovyetler Birliği gezisinden dönerken Sofya'da 'Şairler Bayramı'na katıldı. Şairler Bayramı'nın ertesi günü konuk olarak Yazarlar Birliği'ne çağrıldı. Başkan, konuklara "Sizde de şairler bayramı var mı?" diye sordu. Bütün konuk şairler olumlu yanıt verdiler. Ilgaz ise üzgündü: "Bizde şairlerin hiçbir zaman bayramı olmadı. Tam tersine şairlerimiz için yas günleri oldu, hemen her çağda!.."

1969: *'Hababam Sınıfı'* İstanbul Tiyatrosu'nda sahnelendi.

1974: *'Karartma Geceleri'* adlı ve 1944'teki anılarını içeren romanı yayınlandı. (304 sayfa, kendi yayınladı.)

1974 Ertem Eğilmez, Umur Bugay'a ısmarladığı *'Hababam Sınıfı'* senaryosunu sansürden geçirdi. Eğilmez, yapıtın toplumsal içeriğini ve sınıfsal etkinliğini geri plana itip, öyküyü eğlencelik bir komediye dönüştürdükten sonra çekim izni çıkarabildi. 1974'teki ilk film görülmemiş gişe başarısı sağladı. Bunun üzerine altı film daha yapıldı. *'Hababam Sınıfı'*, *'Hababam Sınıfı Sınıfta Kaldı'*, *'Hababam Sınıfı Uyanıyor'*, *'Hababam Sınıfı Tatilde'*, *'Hababam Sınıfı Güle Güle'*, *'Hababam Sınıfı Dokuz Doğuruyor'*...

28 Ağustos 1980: Oturduğu evin tam karşısındaki yapı yıkıntısına bir pankart konmuş olduğu görüldü: "Rıfat Ilgaz, bu apartmandan çıkarılmazsa 31 ağustos gecesi taranacak!"

31 Mayıs 1981: Gözaltında Kastamonu'ya getirilen Ilgaz, Et ve Balık Kurumu mezbahasında Albay ve Emniyet Müdürü huzurunda sorguya çekildi.

1 Haziran 1981: Albayın emri ile bir doktor (Dr.Mikail Kaya) tarafından muayene edildi. 'Hasta' tanısı kondu. Albay, onun Daday'daki Ballıdağ Göğüs Hastalıkları Sanatoryumu'na yatmasını uygun görmüştü. Hemen götürülecekti.

29 Haziran 1981: Gözaltı kaldırıldı, Ankara Garnizon Komutanlığı'nın bu konudaki emrini bölük komutanı Ilgaz'a bildirdi.

2 Ağustos 1981: Daday Ballıdağ Sanatoryumu'ndan çıktı. Sanatoryum borcunu verecek parası yoktu.

"Makbuz düzenlendi. Ağzımdan bir dilekçe de yazıldı makinede. Uzatıldı önüme, makbuz ya da fatura yerine geçecek olan kendi dilekçem... Kalemimi çıkardım, imzaladım. Müdür Bey önüme bir ıstampa sürüyordu. "İmza yetmez!" dedi, "Parmak basacaksınız!"... "Nasıl olur!" dedim, "Parmak, okuma yazma bilmeyenler için. Ben ayrıca... Yazar olarak tanınırım... Ayıp kaçmaz mı?

6 Aralık 1982: İstanbul Şan Müzikholünde '55. Sanat ve 70. Yaş Günü' kutlandı.

1982: *'Yıldız Karayel'* romanıyla **Orhan Kemal Roman Armağanı'**nı ve **Madaralı Roman Ödülü'**nü aldı.

1983: *'Kulağımız Kirişte'* adlı şiir kitabının birinci basımı Çınar Yayınları tarafından yapıldı.

Kasım 1983: *'Sosyal Kadınlar Partisi'* ile *'Çalış Osman Çiftlik Senin'* adlı öykü kitaplarının birinci basımları Çınar Yayınları tarafından yapıldı. Aynı ay içinde düzenlenen TÜYAP Kitap Fuarı'nın ikincisine Uğur Mumcu, Çetin Altan, Nadir Nadi, İlhan Selçuk ve Aziz Nesin ile birlikte katıldı. Öğrencisi olan Turgut Uyar, yakın arkadaşları olan A.Kadir ve Hasan İzzettin Dinamo ile görüştüler.

"Dokuz gün dokuzar saat imza attı. Yani 9x9 yaptı... Sabah onbirde oturur, fuar kapanana kadar imza atardı. Akşam sekizde kapatmak için ışıklar söndürülünce okurları çakmakları çakarlar, bu ışıkla o imzayı sürdürürdü." (Aydın Ilgaz)

1987: *'Ocak Katırı Alagöz'* kitabıyla **'Ömer Faruk Toprak Şiir Ödülü'**nü aldı.

"En büyük ödülü halkımdan, okurlarımdan aldım."

1990: *'Karartma Geceleri'* romanının Yusuf Kurçenli tarafından senaryosu hazırlandı, filme alındı. Film sansür kuruluna takıldı. Üst kurul kararıyla gösterime girebildi. 9. Uluslararası İstanbul Film Festivali'nde (1991) en iyi Türk filmi seçildi. Antalya Şenliği'nde ikinci film, halk jürisi tarafından birinci film (1992) seçildi. Yunus Nadi Ödülleri Yarışması'nda (1992) en iyi film ödülü aldı. Kültür Bakanlığı'nca yılın en iyi on filmi arasında gösterildi. Ayrıca, İspanya Saint Sebastian Film Yarışması'nda 'Jüri En İyi Film Ödülü' (1992) aldı. Venedik Film Festivali'ne girdi.

2 Mayıs 1991: Kastamonu Belediye Encümeni'nce adı öğrenci olarak oturduğu Gırçeşme Mahallesi'nin Karaağaçlık Sokağı'na verildi. 'Rıfat Ilgaz Sokak' levhası, Ilgaz'ın da katıldığı bir törenle yerine çakıldı. Mikrofon Ilgaz'a uzatıldı: "Şöyle kasılalım biraz; artık, bir sokak sahibi olarak!.. Bir dikili çöpüm yok... Evim, köyüm yok; ama artık bir sokağım var... Mülkiyet duygusu güzel şeymiş!" Bu sokak *'Sazımı Çalana'* şiirini yazdığı evin bulunduğu sokaktı. Ev ise çoktan yıkılmıştı.

19 Kasım 1991: Son şiirini kaleme aldı..

6 Ekim 1993: Kültür Bakanlığı tarafından Bakırköy Kütüphanesi'ne Rıfat Ilgaz'ın adı verildi: T.C. Kültür Bakanlığı Bakırköy Rıfat Ilgaz Kütüphanesi

13 Nisan 1993: Nazım Hikmet Kültür ve Sanat Vakfı öncülüğünde düzenlenen "Nazım Hikmet'e Yurttaşlık" yürüyüşüne tekerlekli sandalyede katıldı.

Haziran 1993: Edebiyatçılar Derneği Onur Ödülü'nü Ankara'da bir törenle aldı.

24 Haziran 1993: Bartın'a geldi. Azim Kitabevi'nde imzaya katıldı. Rahatsızlandı. Otele çekildi. Saat 21'de Millet Bahçesi'nde söyleşiye çıktı. Bu etkinlikler son imzası ve son söyleşisi oldu.

"Gerçekten de ateşi 39.5; nabzı 97 idi! Ne yapmalıydık? Doktor istemezdi... İğne vurunmaz, ilaç yutmazdı... Çözüm yine kendisinden geliyordu: 'Bir şeyler yapalım! Örneğin kanyak!.. Bir yudum belki ateşi düşürür! İkincisi!.. Cide! Cide'den konu açın, konuşun! Aklımı Cide'ye götürün!.. O zaman dinlenirim ve ateşim de düşer!'... Yaklaştım, elimden tuttu: 'Halkımıza söz verdiysek salona çıkarız! Ben burjuva yazarı değilim, özür dilerim, rahatsızlandım diyecek! Ben halkımın yazarıyım!..' dedi." (Mehmet Saydur)

30 Haziran 1993: 14 Eylül 1980'de yazarak Bartın Gazetesi'ne yolladığı 'TÜSİAD Hükümeti' başlıklı yazı, 12 Eylül koşulları nedeniyle yayınlanamamıştı. Bu yazı, Bartın gezisinde Ilgaz'ın onayı alınarak gazetenin 30.6.1993 günlü sayısında yayınlandı. Yazı, yaşamında yayınlanan son yazısı oldu.

2 Temmuz 1993: Sivas olaylarını kaba çizgileriyle akşam öğrendi. Olayları izlemeye başladı.

7 Temmuz 1993: Sivas'taki ateşin yakıcı sıcaklığı İstanbul'daki Rıfat Ilgaz'ı kavurmaya başlamıştı. Sabah saat 04:40'ta bakıcı kadın Hatice Hanım'ı uyandırdı. "Çay yap bana!" dedi. Hatice Hanım mutfaktan dönmeden saat 05:00 dolaylarında 83 yıllık yürek durdu. Kızı Yıldız'ın devreye girmesiyle Haydarpaşa Hastahanesi morguna kaldırıldı. 'Akciğer embolisi'nden öldüğü açıklandı. 8 Temmuz günü Zincirlikuyu Mezarlığı'na gömülen Asım Bezirci'nin ayak ucundan bitişik yer Ilgaz'a ayrıldı ve 10 Temmuz günü gömüldüğü mezarına, son yazısının çıktığı ve göremediği Bartın Gazetesi konuldu.

(Mehmet Saydur, 'Biz de Yaşadık', 1998)

Şiir Anlayışım

Çağının gerçekleri, sorunları içinde tarihsel görevinin bilincine varması gereken bir şairin eylemi söz konusudur bugün.

Şairin, tek başına duyduğunu düşündüğünü, gerçekleri saptayıp yansıtması, önemini yitirmiştir. Topluma yeni biçimler vermekte olan işçi sınıfının değiştirici bir bireyi olarak yaşama yeni bir anlam katması, geleceğe güvenini açığa vurması, iyimser bir duyarlık içinde çağının yeni gerçeklerini belirtmesi görevi başlamıştır şairin.

Bu görevin dışında kalmış olan şair, sanatının çekiciliğini, coşturuculuğunu, atılımlara götürücü, hız verici niteliğini yitirmiş demektir. Sanatla halk arasındaki uyumu yeniden kurma görevi sömürü düzeni hızını artırdığı sürece kaçınılmaz bir eylem olmalıdır.

Her yeni çağ aşağıdan yukarıya doğru itilerle oluşup gelişirken, toplumla içli dışlı olması gereken şair de gerçekçiliğin yeni biçimlerini yaratmaya itilmektedir. Şair, toplumu değiştirme, oluşturma çabası içinde kendisini de değiştirip oluşturacaktır. Bu gerçeği Brecht ile birlikte yineleyebiliriz:

"Her yeni çağ gerçekçiliğin yeni biçimini ortaya koymak zorundadır."

Şairin amacı, bu gerçekleri öğrenmekle bitmiyor. Bunları yapıtına bilgi olarak koymak, şairi sanat dışı gereksiz çabalara götürür. O, bu gerçekleri içeriğine uygun bir biçim içinde yansıtmak zorunda-

347

dır. Şair, coşku ve hayranlık yaratan kişidir. Bu coşku ve hayranlık, benzer koşullar içinde yaşayanlar arasında mümkündür. Bir şiirin etkileyici ödevi, bu koşulların içindekilerle yüz yüze geldi mi başlar. Bu bakımdan şair yan tutan kişi sayılır. "Sınıf zıtlıkları sürüp gittikçe ulusal olma niteliği başlar." sözü de bir bakımdan yanlıştır. Ulusun ulus olma koşullarına uyan, sanatını bu sorunların gerçekleşmesi için görevli tutan şair ulusallık çizgisine ulaşmış sayılır.

Sanatçı yeni biçimler bulacak dedik. Tutan biçimleri boyuna yineledi mi kendi gelişimini dural bir duruma getirdi demektir. Onu önce beğenen halk, bir gün beğenmeyebilir. Halk da değişen bir beğeni içindedir. Kalıpçılık, şairi akan zamanın gerisinde bırakır. Dil de halkın beğenileri içinde değişken bir gerçektir. Şair kıvrak ve işlek bir şiir dilini kendi beğenisine göre düzdüğü sözlükle sağlar. Halkla kendi arasında özel bir anlaşma aracı bulur. Dil gelişip oluşurken değişmeyen yanını titizlikle saklar. Şair kalıcı yana da el attı mı halkla bağlantısını kendi eliyle kurdu demektir. Yunus Emre'nin taze kalışı işte bu değişmez yanı bulup sanatına mal etmiş olmasından ileri gelir.

Şiir bir uyarlık işidir. Hegel'in bir tanımlaması değerini uzun yıllar yitireceğe benzemiyor: "Fikirle biçimin uyarlığı, tutarlığı güzeli doğurur."

Salt biçimcilik diye bir sorun yoktur bizim anladığımız şiirde. Hele şiirin düzen ve düşünceleri geleneksel kalıplara dökme işi sanılması çoktan anlamını yitirmiştir. Biçimcilik, soyut bir teknikçilik, kendi kendisiyle yetinen, kendi dışında herhangi bir amacı olmaksızın kendi kendisiyle var olan bir çabaydı eskiden. Tutucu sınıfın işine gelen bir anlayıştı. Oysa yeni özlerle yeni biçimler ortaya getirme çabası bizi diri bileşimlere götürmektedir. Ortaklaşa atılımlardan güç alan sanatçı, belli bir zamanda toplum için zorunlu olanı gerçekleştirir. Yaratma özgürlüğü bu durumdan zedelenmez, tersine onunla gelişir.

RIFAT ILGAZ
(Militan Dergisi, Haziran 1976)

Görüşler

"Nazım Hikmet'in şiirimizi büyük ölçüde etkilediği 1940'lı yıllarda, Rıfat Ilgaz yapıtlarıyla kendi kişiliğini ortaya koyarak, toplumcu gerçekçi anlayışa yeni olanaklar kazandırdı. Özellikle tabana yakın kesimin güncel yaşamına egemen olan acıları, sıkıntıları, yoksunluğu, ince yergi öğeleriyle yansıtarak lirizme ulaşmış bir şiirdi bu."

(ŞÜKRAN KURDAKUL – Çağdaş Türk Edebiyatı)

YARENLİK

"Şair büyük mevzulara palavralı şeylere hiç yanaşmamış. Basit, gündelik hadiselerden, apartman kapıcılarından, kolculuktan yetişme bir memur olan babasından, sanatoryum arkadaşlarından, mahalle komşularından bahsediyor. Hemen bütün şiirlerin mevzuu, kendi küçük dertleri, arzuları. Ama hayret! Bunların hiçbiri sadece Rıfat Ilgaz'ın dertleri değil. Hepsi, hepsi geniş bir kitlenin, bir insanlığın dertleri. Sosyal şiir nedir diyenlere bu kitabı göstermek lazım. Onun asıl kudreti, ferdilikten kurtulup cemiyetin malı olabilmesinde, kendi küçük dünyasındaki bütün şahsî meselelerin sosyal mahiyetini kavramasında ve bunları üçüncü şahsın bitaraflığı ile anlatabilmesindedir."

(SABAHATTİN ALİ – Yurt ve Dünya, Nisan 1943)

"Rıfat Ilgaz, kendisine mahsus bir edası olan şuurlu veya şuursuz taklitten uzak, müstakil şahsiyetli bir şair olarak beliriyor. Yazılarında gösteriş, şu veya bu olmak iddiası yok. Yakından bildiği, içten duyduğu mevzuları, kendi hayat tecrübelerini işliyor. Bunun içindir ki, entelektüel iddialara, 'bir şiir anlayışı' izahlarına girmeden, lüzûm görmeden, kendine mahsus bir yazış geliştiriyor. Muhteva öz, halis, yapmacıktan uzak olunca, ifade tarzını, vasıtalarını da kendiliğinden buluyor. Rıfat Ilgaz, halk şairi, köy şairi olmak gayretinde değil; fakat kendisi halktan olduğu için, halkla beraber yaşadığı, duyduğu için ve sanatının da ehli olduğu için şiirlerinde temiz, güzel bir dil, halkın dili beliriyor ve Rıfat Ilgaz 'halka inmek' gayretinde olan, zoraki köy şiirleri yazan, halk şiirlerinin kalıbını alarak halk şairi olduklarını sananlardan çok daha fazla, onların erişemeyeceği kadar, bugünün halk şairi oluyor. Rıfat Ilgaz müreffeh bir zümrenin değil, fakat bir günden öbürüne yaşayabilmek için didişen, böyle üzüntülü günlerin akşamında, bazen, 'gününü gün etmek için, şöyle bir demlenen' halkın şairidir. Onun için şiirlerinde gül, bülbül, berrak sema, mavi deniz, kalp ağrıları yok. Hayatın daha karanlık, daha üzüntülü taraflarının akisleri var. Bununla beraber şiirlerinde hayatın kötümser bir ruh hali de sezilmiyor. Şair isyankâr da değil. Kendisini hadiselerden biraz uzağa çekiyor ve hayata karşıdan bakarak gülebiliyor: Alaylı olmakla beraber halden anlayan, şefkatli, müsamahalı bir gülüş; acı, yakıcı bir istihza değil. Bu hoş gören tarzda alay, içinde bir hüzün de gizleyerek, bilhassa *Yarenlik* ve *Komşuluk* şiirlerinde beliriyor. *Kitaplar* şiirinde şair daha iğneleyicidir; kof bilginlerin kofluğunu deşiveriyor. Hadiseleri işlerken kendisini böyle biraz uzağa çekebilmek kabiliyetinden dolayıdır ki şair, ölümden, kendi ölüm ihtimalinden bile görünüşte lâkayitliğe benzer bir tabiilikle bahsedebiliyor. Bir arkadaşının ölümünden bahseden *İşte Böyle, Azizim* şiirinde ince bir sızı, keder var; fakat şair his taşkınlığından çekiniyor, ölüme hailevî, esrarlı, feci bir şekil vermiyor. Heyecan ifadesinde şair tutumludur; baskı altına alınmış, hatta yarı alaylı ifade edilen acılarının samimiliğine, özlüğüne okuyucu inanıyor ve şairle birlikte duyuyor."

(BEHİCE BORAN – Adımlar, Mayıs 1943)

SINIF

"Rıfat Ilgaz, genç neslin en çok vaad eden şairlerinden biridir. Hatta o şimdiden çağdaşları arasında kendine has bir üslûpla sivrilmiş görünüyor. Onun ilk kitabı Yarenlik ile ikinci kitabı Sınıf'ı karşılaştırınca bir sene kadar bir zamanın bile şairin sanatında bir gelişme gösterdiğini anlamak mümkün olur.

Rıfat Ilgaz'ın meziyeti, başka bir vesile ile de söylediğim gibi, gürültülü mevzulardan kaçması, asıl sanatlık değerleri bulamadıkları için, tantanalı isimler ve sıfatları, önemli vakalar ve şahısları sıralamak suretiyle tesir yapmak isteyenlerin kötü geleneğinden kendini kurtarmış olmasıdır. Onda 'bazı cevherli genç sanatkârlarımızın zayıf tarafı' diye gösterebileceğimiz 'bohem' ve 'snobluk' merakı da çok şükür yok. O, her gerçek sanatkarda olduğu gibi, şahsiyetini silmek suretiyle bir şahsiyet sahibi olunabileceğini anlamış görünmektedir. Şiirlerine konu ararken, uzaklara gitmek veya yükseklere çıkmak lüzûmunu duymuyor, kendine en yakın muhitleri, en iyi bildiği insanları ve nesneleri kâfi görüyor. Bize ispat ediyor ki, her hadise, en küçüğü, en ehemmiyetsizi bile şiirin mevzuu olabilir. Yeter ki bunu söyleyecek dili bulabilelim. Yeter ki, şiire, sırf kendi duygularımızın dar çerçevesinden taşıp bütün insanlara geçebilecek cinsten bir çeşni verebilelim.

Rıfat Ilgaz'ın şiirlerinde vakanın gerçekliğindeki ağırbaşlılığı ve sade, çıplak realizmi bulursunuz. Kin, gayz, nefret yok... Belki birazcık alay var. Onun şiirlerinin asıl örgüsünü sevgi ve merhamet teşkil ediyor. Basit, şatafatsız, gürültüsüz insanlar... Fakat iyi insanlar..."

(PERTEV NAİLİ BORATAV – Yurt ve Dünya, 15.3.1944)

YAŞADIKÇA

"Rıfat Ilgaz'ın yaşamından gelen (öğretmenliği, uzun süren sayrılığı, cezaevine girip çıkışı) gözlem zenginliği, sonraki şiirlerinin içeriğini oluşturur. Ölüm-yaşam karşıtlığı sayrı günlerinde işlediği temel konudur. Rıfat Ilgaz, ölüm olgusu karşısında serin kanlıdır. Asıl yansıtmak istediği öz, ölümün geriye bırakacağı yaşamdır. Ölüm olgusundan sonra, geride kalan insansal ve toplumsal sorunlardır. Kısaca, ölüm-yaşam karşıtlığında onu ilgilendiren yaşamdır. Sorunu bu yüzden keskin çizgilerle yansıtır. *'Babam, İşte Böyle Kardeşim, Demek Bu Yıl da, Böyle mi Olacak Ölümüm'* adlı şiirleri ve daha sonra yazdıkları bu niteliktedir. 1945-1948 adlı bölüme aldığı şiirde inanç adamı Rıfat Ilgaz'ı buluruz. Dış gerçekliğin verilişinde gelecek umudu ön plana çıkar. Her işlediği temada geleceğe güveninden söz açar. *'Uyusun da Büyüsün, Geç Dostum'* adlı şiirleri, yaşama bakışındaki iyimserliği sergiler. Toplumsal sorunlarla çevrili bir ortamda, Rıfat Ilgaz, sevgiye de yer vermeyi unutmaz. *'Engel olmaz bu bilgimiz – Sümbülden çok sevmemize yeşil soğanı'* derken de bu sağlam ve güvenli bakış açısını yakalarız. Yerel çevre, kuşaktaşlarındaki gibi, bütün renkliliği ile onun da şiirine girer.

Cezaevleri ve özgürlük tutkusu daha aydınca bir tavırla yansıtılır. Anlatımcı yapı, yerini, düşünceyle duygunun kaynaştığı, bütün güzelliğine yönelen bir söyleyişe bırakır. Sözgelimi, *'Bu da Özgürlük Şiiridir'* bunu kanıtlar:

"Bir liseli talebeyle vurulu bileklerin
Kırk mahkûmun sürüklediği zincire
Tek suçunuz hür insanlar gibi konuşmak
Kitaplar suç ortağınız"

Rıfat Ilgaz'da özgürlük tutkusu yaşamıyla ilintili. *'Sınıf'* adlı kitabından altı aya hüküm giyince tutsaklığı başlar. Özgürlük onda maddi plana böyle dönüşür. Özgürlük tutkusu salt motif değildir, tutsaklığı maddi planda yaşayan insanın savaşımıyla özdeştir. Çıkarcılar, sömürücü sınıflar, dünyadaki emperyalist savaşın ülkemiz üzerindeki dolaysız bunalımından yararlanan vurguncu tipler şiirsel düzeyde dışlaştırılırken, emekçi kitlenin ekmek kavgası da olanca somutluğuyla yansıtılır. *'Doğum Koğuşundan Çıkış'*ta dışa vurulan gerçeklik, kafamızı duvara vurduracak derecede katıdır. *'Parmaklığın Ötesinden'* adlı şiiri, Rıfat Ilgaz'ın bu dönemdeki en güçlü şiirlerinden biridir. Umudunu yitirmeyen bir aydının, cezaevinde, dışarıyla kurduğu ilişkilerin, özlemlerinin, duygu ve düşüncelerinin yoğunluğuyla örülür. *'Bir çift sözümüz vardı – Nar çiçeği gül dalı üstüne'* derken emekçi insanımızın özgürlük özleminden söz açmaktadır. Bununla da kalmayarak, dönemin tarihsel kesitini *'Kahveler, Gazeteler'* ve *'Mıstabey'*de alay çeşnisinde dışlaştırmaktadır. Şiirin ikinci evresini oluşturan ürünlerinde, dönemin gerçekliğini, gerek kişisel yaşantı düzleminde, gerekse içinde yaşadığı toplumun iyi bir gözlemcisi olarak toplumsal sorunları yorumlayan bir kimliktedir Rıfat Ilgaz. Şiir evreni, emeğin temellendirdiği maddi yaşamı enikonu, insansal boyutlarıyla yansıtır niteliktedir. *'Senin Neyin Eksik'* adlı şiirde bu olumlu tavır belirgindir."

(AHMET ADA– Türkiye Yazıları, Mart 1978)

SOLUK SOLUĞA

"Son şiir kitabım *'Soluk Soluğa'*da yeni hiçbir şey yapmak istemedim. Yapmak istediğimi 1942'de çıkan *'Yarenlik'* adlı kitabımda yapmıştım. Gerçeküstücü şairlerin avuç avuç yıldız yediği yıllarda karneyle fırın önlerinde iki yüz gram ekmek bekleyen yarı aç yarı tokların gerçekçi şiirini yazmaya çalışmıştım. Yeni kitabım biraz da kendi antolojim sayılır. Her kitabımdan bir iki şiir aldım yeni kitabıma. 1961'de ölüm-kalım krizleri içinde hastanede yatarken biraz da moralimi sağlamlaştırmak için yazdığım beş on şiiri de sonuna ekledim. Bugün için şiirde yapmak istediğim hiçbir şey yok. Okurlarımdan daha çok eleştirmecilerden istediğim, beni yerli yerime koymaları, İkinci Dünya Savaşı yıllarına doğru giderek karışık akımlar içinde kişiliğimi ve yapıtlarımı dürüst bir görüşle incelemeleri. Böylece Türk şiirinin gelişmesini gerçekle çelişmeye düşmeden saptamalarıdır. *'Soluk Soluğa'*, bu bakımdan onlara faydalı olabilir."

(RIFAT ILGAZ– Yelken, Eylül 1962)

KARAKILÇIK

"*Karakılçık*'ta dil temiz ve işlek, anlatım açık ve yalındır. Mizah ve alay bırakılmış, yergiye arada bir başvurulmuştur. İmge ile uyak da seyrek olarak kullanılmıştır. Buna karşılık düşünceyle duygu iyi yoğrulmuştur. Şiirlerde iyice ustalaşmış bir kalemin okura rahatlık veren belirtileri görülmektedir."

(ASIM BEZİRCİ – Rıfat Ilgaz, Çınar Yayınları)

"1968'de yayımladığı '*Karakılçık*' kitabı, Rıfat Ilgaz'ın hem önceki kitaplarına giren şiirlerinin özelliklerini taşıyan ürünleri hem de üçüncü evreyi oluşturan evreyi içerir. Genellikle Türk Solu Dergisi'nde yayımlanan şiirleri üçüncü evrenin özelliklerini taşır. Bu evredeki şiirlerde, yaşamı savaşçı bir coşkuyla yansıtan Rıfat Ilgaz vardır. Yaşamı her yönüyle, zengin boyutlarıyla yansıtma çabasındadır. Güncel olaylar, genel ve belirleyici olan vurgulanarak yansıtılır. Özgürlük ve bağımsızlık, anti-emperyalist savaşım, edilgen aydınların tavrı, Kanlı Pazar gibi dönemin olaylarını sınıfsal açıdan yaklaşımla şiire döker. Şiir kurgusu -bazı şiirlerindeki aksamaya karşın- yönünden usta; dili ise pürüzsüzdür. Umudu ve direnişi yalın bir söyleyişle dışlaştırır. '*Körüz Biz*'de halkın bilinç düzeyi '*Aydın mısın*'da edilgen aydınlara çağrı vardır. '*Bir Kurşun Gibi*'de de gençliğin özverili anti-emperyalist savaşımını dile getirir.

Bu dönemin şiirlerinde en sık başvurduğu teknik sözcük yinelemeleridir. Sözcük istiflenişi, dizeden dizeye geçişlerde yinelenerek yapılır. Başka bir deyişle, yansıtacağı gerçekliğin duyumsanır kılınmasını sağlamak için duyusal dünyanın bütün verilerini şiirin mozayiğinde kullanacağı, yaşamın karmaşık verilerinin üstüne üstüne gideceği yerde; dizenin başlangıç sözcüğünün diğer dizelerde yinelenmesi ile yapısal yönden kolaya kaçmaktadır. Bu olumsuzluklar sonucu şiir yer yer kuru ve mekanik bir yapıya dönüşür. Sözgelimi, '*Özgürlüğe Giden Yol*' adlı şiirde bu yinelemeleri görmek mümkündür."

(AHMET ADA– Türkiye Yazıları, Mart 1978)

GÜVERCİNİM UYUR MU?

"1940 toplumcu sanat kuşağının büyük şairlerinden biri olan Rıfat Ilgaz, küçük burjuva şiirini bir yana attığı o günden beri toplumcu şiirin sivri çakmaktaşlarıyla örtülü yokuşlarında soluğu kesilmeksizin yürümekte, şiirinin hızı durmadan artmaktadır. Topluma umut adayan düşüncenin bütün sorumunu yüklenerek bunu bir yandan şiir ile bir yandan da mizah kitaplarıyla, oyunlarıyla dile getirmekte, böylece idealistin en çetin yollarından Sisifos'unkini seçmiş bulunmaktadır. Halkın umudunu bataklıktan çıkararak yokuş yukarı sürmekte, tam ışıklarının mutlu bir gül bahçesine döndüğü yaşayış dağının doruğuna çıkmakta, bunun korkunç ağırlığını omuzlarında duymaktadır.

Şair, *'Güvercinim Uyur mu'* adlı en son şiir kitabında Sisifos'un kocaman kayasını iterken döktüğü terleri dile getiren dizelerle bu kitabını da verimli bir biçimde süslemektedir: *'Güvercin dediğin uyanık olmalı / Tüyler duman duman öfkeden / Yanıp tutuşmalı gözbebekleri / Sevgiden tıpır tıpır bir yürek / Özgürlüğünce dövüşken.'*

'Güneşten Uzak' şiirindeki dizeler, bütün Türkiye'nin tablosunu çizmektedir.

'Aydın mısın' şiirinde şöyle şimşek gibi dizeler yaratır: *'Duymuyor musun? / Kaldır başını kan uykulardan / Böyle yürek böyle atardamar / Atmaz olsun / Ses ol, ışık ol, yumruk ol.'*

'Defneler' şiirinden dizeler: *'Sevdim haklıdan yana olabilmek için / Çalışıp ezilenden senden yana / Sevdim aldığım soluğu hak etmek için / Ama sevdim halkımca.'*

40 kuşağının bu korkusuz büyük şairinin son kitabını okuyanlar, yeni faşizmle de ne biçim dövüştüğünü şiirin bütün ustalıklarını, güzelliklerini göstererek, yaşın, başın bütün anlamını sanatına katarak yarattığını göreceklerdir."

(HASAN İZZETTİN DİNAMO – Yeni Ortam, 8.10.1974)

KULAĞIMIZ KİRİŞTE

"Rıfat Ilgaz, 1940'larda toplumsal gerçekçi akımı seçmiş bir ozan. Şiirlerinde, 'hüzünlü bir gülümseme' ışıldar baştan beri. *'Alişim'* (1944) şiirinde kolu kopan işçiye: *'Kızlar da emektar sazın gibi çifte kol ister saracak'* derken, ne acıma vardır, ne ağıt. Yalnız o hüzünlü gülümseme... Bu gülümseme *'Kulağımız Kirişte'*de sürüyor. Usul bir yaşam inadını da sürdürüyor bu kitaptaki şiirlerinde Rıfat Ilgaz. Yaşamayı *'mısra mısra sevmiş'*. *'Ne varsa kaybettiğim bütün bulduğum şiirde'* demiş bir ozanın kazancını hesaplıyor: *'Geride kalanlara ne bırakacağım, / (...) / Olsa olsa / Karadeniz'den payıma düşeni... / Beş on evlek yer gökyüzünden'* (Bilmeyecekler)

Bütün varı yoğu gökyüzünden caymayan şair; *'Yedi Canlı Olmak'* şiirinde: *'Yaşamak için geceli gündüzlü / Dileniyorum üstelik!'* diyor."

(SENNUR SEZER – Gösteri, Eylül 1983)

OCAK KATIRI ALAGÖZ

"Ocak Katırı Alagöz, Rıfat Ilgaz'ın hem toplumsal çelişkileri vurgulamasının hem de yaşamı çevresinde oluşan duyarlıkların aktığı iki kanalın bir yerde birleşmesinin göstergesi.

Toplumsal olaylar karşısında bir şairin öfkesini dizginleyememesinin şiirleri.

Kimi yerde yalın söyleşilere düşse de: *'Ah uzak görüşlü yetkililer, / Bıraksanız da büyük sorunları bir yana, / Biraz da ulusunuz için... / Halkınız için konuşsanız.'*

'Bir ata öğüdü' de kendisi verse de...

Direncin, kavganın türküsünü söylese de *'Direnin sonuna kadar!'*

*'Ocak Katırı Alagöz'*ün 'has' şiirleri Rıfat Ilgaz'ın kendi yaşamı çevresinde oluşan duyarlıkları işledikleri; *'Dört Mevsim'* gibi, *'Durmak Yok'*, *'Okutmak Üzerine'*, *'Öğünsek mi'*, *'Saltanat'* gibi.

'SINIF'ın ozanıyım mimli / HABABAM SINIFI'nın yazarıyım ünlü / Kim ne derse desin, / Çocuklar için yazdım hep.'

Gerçekten de direnci de, kavgası da çocuklar üzerine hep Ilgaz'ın.

Ömür boyu iki iş tutmuş: Biri çocukları okutmak, ikincisi yazdıklarını çocuklara okutmak.

En yalın görünen şiirinde bile Türkçe sevgisinin öne çıkması, *'Sev Türkçe'ni çocuğum, / Dilini sevenleri sev'* deme bilincinden olsa gerek.

'Ozanca, insanca, uygarca' da olsa ağlamak yok şiirinde.

Karamsarlık da, umutsuzluk da.

Güle oynaya geçilmese de aydınlığın dar kapılarından. Acılarla içili dışlı olunsa da...

Yenilmişlik de yok.

'Saltanat' şiiri *'son sözünü henüz söylememiş'* bir şairin bir anlamda *'vasiyet'*i. Dünya yüzünde yazdıklarından başka hiçbir varlığı olmayan bir şairin...

Hüzün, hep Rıfat Ilgaz'ın şiirinin dışında kalmıştır. Ama bu şiirde hüzün egemen.

Ve *'vasiyet'* yalnızca oğluna değil, bütün bir topluma, ülkeye, hepimize... Karlı, tipili kışlara değil.

Yemyeşil bir bahara, bir de sevme, çalışma, düşünme adına.

Ölü dalgaların unuttuğu...

(**REFİK DURBAŞ** – **Cumhuriyet, 14.1.1988**)

Ölümü Ardından

FEDAİLER MANGASI'NIN DEMİRBAŞI: RIFAT ILGAZ
ATTİLA İLHAN

(Taşlık'taki, o salaş kır kahvesi. Sonbahar. Şair Ömer Faruk Toprak, yasemin ağızlığına sigaralar ekleyerek, her defasında olduğu gibi, beni 'eğitiyor': Sosyalizmin geleceğinden, toplumcu Türk şairlerinden, bu arada Rıfat Ilgaz'dan bahsediyoruz. O bir ara, kaygılı ve karanlık, diyor ki: "Rıfat'ı sanatoryuma yatırdık, vaziyeti kötü!" Rıfat dediği, 'Yürüyüş'te çıkan şiirlerinin çoğunu ezbere bildiğimiz Rıfat Ilgaz. Tüberküloz olduğunu duymuştuk, demek iş bu kadar ciddi. O yıllar savaş yılları, 1940'lar; dünya savaşı, dev bir körük gibi Türkiye'nin çevresinde, ateş, duman ve alev soluyor. O akşam üzeri, yatılı okuduğum Işık Lisesi'ne dönerken, ne düşündüğüm, bugünkü gibi aklımdadır: "Nâzım hapiste, Dinamo ve A.Kadir sürgün, şimdi de Rıfat Ilgaz sanatoryuma kaldırılıyor: Nedir bu çile?")

Rıfat Ilgaz, o dönem toplumcu şairlerinin, en 'nev-i şahsına münhasır olanı'dır: Şiirlerini sanki dudaklarından eksik olmayan acı bir tebessümle yazardı; ilk bakışta masum, hatta basit sanabilirdiniz; etkisi sonra sonra derinleşiyor, anlamı ya da mesajı, sonra sonra insanın içine işliyordu. Meselâ ünlü *'Sınıf'* şiiri! Görünüşte, toplumsal sınıfları ve bunların karşıtlığını değil, herhangi bir taşra okulunun, herhangi bir dershanesini anlatır; halbuki, 40 karanlığının sıkıyönetimi hiç de böyle düşünmemiş, kitabı yayınlanır yayınlanmaz toplatmıştı; Rıfat Ilgaz aleyhinde de tâkibata başladılar.

361

Toplatıldığı halde, lisedeki bazı meraklı arkadaşlara *Sınıf*'ı 'satmış olmam', benim başıma da iş açacaktı: Sansaryan Hanı'nın Kısm-ı Siyasî hücrelerinde, bu yüzden, üç hafta kadar gözaltında yattım. Yıllar sonra Rıfat 'Ağbiy' aramızda o olaydan söz açılınca, gözlerinin içi muzip bir pırıltıyla aydınlanarak, demişti ki: "Faruk'un gevezeliği! Çenesini tutabilseydi, senin başın derde girmeyecekti! Eh, olur böyle şeyler! Hem sen söylesene, 'Harman Zamanı'nı niye yayınlamıyorsun? Bence pekâlâ başarılı bir romandı!"

Bunları konuştuğumuzda (1960'lar) artık Yürüyüş Dergisi'ne yazılarını gönderen şair namzeti değilim, 40 karanlığını terkedeli yıllar olmuş; ama o benim o zamanlar Bahçe'den (Adana) Ömer Faruk Toprak'a gönderdiğim romanı hatırlatıyor, akıbetini soruyordu. Gönderdiğim yazıları onun da okuduğunu bilmiyordum, bu vesileyle öğrenmiş oldum; sırtı sıvazlanmış eski bir çırak gibi sevindim, göğsüm kabardı.

Rıfat Ilgaz'ı kaybetmek, Türk toplumcu sanat hareketinin yarısını kaybetmek gibi bir şeydir.

Onlara 'Fedailer Mangası' adını ben takmıştım (Hoşuna gidiyordu, bir kitabını duyururken, tanıtımında da kullandı). Onlar, yani Nâzım'ı izleyen sosyalist şairler kuşağı, yani Hasan İzzettin Dinamo, A.Kadir, Ömer Faruk Toprak, Rıfat Ilgaz, Niyazi Akıncıoğlu, Suat Taşer, Mehmet Kemal, Cahit Irgat, Sabri Soran; hemen arkalarından gelen Enver Gökçe, Attila İlhan, Ahmet Arif, Arif Barikat, Şükran Kurdakul!

Deyim ilk olarak bir yazımda geçti, 60'lı yıllarda 'soğuk savaş'a rağmen ortam az buçuk nefes alınabilir bir kıvama gelmişti ya, sosyalist gerçekçiliği tartışırken Varlık Dergisi'nde şöyle diyorum:

"...sanki kuşatılmış bir fedailer mangasıydı bu, umutsuz olduğunu önceden bildiği çetin bir savaş veriyor; teker teker eksiliyor, tuz parça oluyor, yine de özgürlüğün erkekçe şarkısını söylemekten vazgeçmiyordu. Diktanın baskı aygıtı mükemmeldi. Siyasi polis, işi gücü bırakmış, şairlerin peşine düşmüştü. Sanat, sözcük, imge ve uyak evreninden, anlaşılmaz bir yanlışlıkla, gün günden uzaklaşıyor; sıkıyönetim mahkemesi, Emniyet Müdürlüğü'nün merdivenleri, bitmez tükenmez sorgular, karanlık hücreler, cezaevleri ortamına yerleşiyordu..."

"...Kafka'msı bir çile başlamıştı şairler için, öylesine sıtmalı, öylesine ağır ve dolambaçlı bir çile! Sağlığını, işini gücünü, aklını, canını yitirenler; şiir yazma yeteneklerini, yirmi yıl yerine, üç beş yılda tüketenler oldu. Geçen yüzyılın başlarında başlatılan mangal yürekli şairler geleneğine toz kondurulmadı fakat!.." (Hangi Sol)

40'lı yılların kötümserliği yanılmıştı, 'Fedailer Mangası'nın demirbaşlarından Rıfat Ilgaz uzun yaşadı; halkıyla bir güzel özdeşleşti, ona çok yakışan bir ölümle, 'ayakta öldü'. On yıl kadar oluyor, yağmurlu bir sabah, Taksim'deki Bulvar Kahvesi'nde rastlaşmıştık; lâf arasında yeri nasıl düştüyse, demişti ki:

"...şimdi bana bak, şair! Yetenek, bilgelik, çalışmak, teknik ıvır zıvır, hepsi lâzımdır; ama yetmez! Şairi şair mertebesine getirirse halk getirir; marifet, onun bulunduğu hizaya yükselebilmektedir! Gerisi fasafiso!"

İşte böyle Rıfat 'Ağbiy', 'eski askerler'den pek kimse kalmadı; öteki taraftakilere söyle, içleri rahat olsun, mevziler terkedilmeyecektir.

EN KIRAÇ TOPRAKLARDA TUTUNDU O DEFNE
TUNCA ARSLAN

... Halkın sıradan insanların hayatı anlatılır Rıfat Ilgaz şiirinde. Vitrinleri seyreden yoksullar, geride miras değil borç bırakarak ölen küçük memurlar, kapıcılar, komşular, emekliler Ilgaz'ın konuklarıdır. Yoksulluk edebiyatı değildir şairin yaptığı; tam tersine yaşamın zenginliğini anlatır. Mensup olduğu kültürün, sınıfın ve davanın propagandasını yaparken 'inanma tekniğini ve inanma kalitesini' yüksek tutmuştur Rıfat Ilgaz. Bunu da belli bir kurala bağlamamıştır. 12 Eylül'den sonra doğduğu kentin sokaklarında, onca yaşına karşın sokaklarda kelepçeyle gezdirilirken de, savcının "Neden Aydınlık'ta yazıyorsun?" sorusuna, "Aydınlıkçıyım da ondan!" derken de inanma kalitesini hep yüksek tutmuştur.

Aragon, 'Chagall' adlı şiirinde ressamlardan ve tablolardan söz eder. Geyiği parçalayan köpeklerin, yaprakların ve incirin, kuşların ve gökyüzünün, hatta kumarbazın gözündeki kısık ışığın bile resmini yapmıştır onlar. Şair, hepsinden büyük bir hayranlıkla söz eder. Şiirin son dizesinde ise şöyle der: "Ama Chagall oldu kavuşturan sevdalıları."

Rıfat Ilgaz için de şöyle demek gerekli belki de: "Rıfat Ilgaz oldu *'Ocak Katırı Alagöz'*ün şiirini yazan... Pelit ovasında, Nanepınar'daki bir taşkömürü ocağında 125 kara ameleyle birlikte, bir avuç arpa hatırına taaa Jerminal'lerden beri çalışan *'Ocak Katırı Alagöz'*, Ilgaz'ın bu şiiri dışında gün ışığına hiç çıkmamıştır.

Herkes, hepimiz ona çok şey borçlu. Ocak katırları da...

ANILAR SİSİNDE RIFAT ILGAZ

DOĞAN HIZLAN

Mizahı, acıları gülümsemeye dönüştürme sanatı diye tanımlayanlar, mutlaka Rıfat Ilgaz'ı okumuşlardır. 1940 toplumcu gerçekçi kuşağının bütün belirgin özellikleri, onun kişiliğinde biçimlenmiştir.

Ilgaz, romanında, şiirinde, oyunlarında bir kuşağın çektiği acıyı yazarken, edebiyat eseri verdiğinin kaygısını da unutmamıştır. Ilgaz üzerine çok yazı yazdım, anma günlerinde çok konuşmalar yaptım. Bir dostumuzu kaybettiğimizde, bu yazılar edebiyat tarihinin sayfalarında ölümsüzleşiyor, anılar bir bir sökün ediyor.

Yıllar önce Ahmet Muhip Dıranas, "Fahriye Abla şiirinin ünü, benim adımın ününü geçti." diye yakınmıştı. Belki zaman zaman Rıfat Ilgaz da, *'Hababam Sınıfı'*nın ününden yakınmıştır. Tiyatro, sinema dünyası eskimez bir kaynak olarak tepe tepe kullanmıştır.

Onu tanıdığınızda, bunca mücadeleye ancak mizahın gücü ile dayanılabilir kanısına varırsınız. Baskılara, sıkıntılara gülerek cevap veren bir direnç simgesiydi.

Gene demokrasiye ara verilen bir dönemden sonra Rıfat Ilgaz'a bir 70. yaş kutlaması yapılmıştı. Onun edebiyatçı kimliği üzerine yapılan açık oturumu da ben yönetmiştim.

Sonradan yakılan Şan Sineması'nda, bütün salon dolmuş, girişin merdivenleri salon kadar kalabalık, giriş kapısının önündekiler de sıra bekliyor, içerde konuşulanları duyma umuduyla.

Baskı rejimlerinin sonrasında insanların özgür sanata ne kadar susadıklarını bu toplantıda yaşadım. İnsanların toplumun özgürlüğü için savaş veren bir şaire, yazara duydukları, sevgiyi, saygıyı gözlemledim.

Halkla iletişim kurmak isteyen bir kuşaktandı. 1940 toplumcu gerçekçi kuşağının ortak amacıdır bu. Rıfat Ilgaz da bu gerçeği her yazdığına uyguladı. Anlatılan anlaşılmalıydı; çünkü mesajlarını iletecekleri halk kitlesi bunun özünü algılayabilmeliydi.

Bütün yazarların, şairlerin kitapları elbette yaşayacak, okunacak. Onları yeniden okurken, bize ne kattıklarını, elli yıla varan özgürlük savaşında nasıl edebiyatı kullandıklarını unutmamalıyız.

Bugünümüzü hazırlayan bir kuşaktandı, övgü için bu bile yeter.

'YAŞLI BİR ŞAİRE MEKTUPLAR' ADLI KİTABINDAN
MEMET FUAT

'1940 Kuşağı' toplumsalcı şairlerinin ortak yanı, Orhan Veli'nin "Mesele bir sınıfın ihtiyaçlarının müdafaasını yapmak olmayıp sadece zevkini aramak, bulmak, sanata onu hâkim kılmaktır." sözüne katılmamalarıydı... Onlar sanatlarıyla da toplumsal bir savaşımın içindeydiler.

Bu şairlerin bazılarında Nâzım Hikmet etkisi çok açıktır. Bazılarında ise hiç yok gibidir.

Ben Rıfat Ilgaz'ı bu ilişki açısından son derece ilginç buluyorum. Ölçülü uyaklı şiirden serbest yazmaya geçme özlemini Nâzım Hikmet'in şiirlerini okuyunca duyduğunu söyler; ama Şeyh Bedreddin Destanı'ndaki bireşime ulaşılmış, dahası Orhan Veli ile arkadaşları 1937'de Varlık Dergisi'nde Garip akımının ilk denemelerini yayımlamışlarken o hâlâ ölçülü uyaklı yazmaktadır:

Alnına satır satır seneler dizilince,
Bulutlar enginlerin hududunu aşacak.
Nedamet süzülecek gözlerinden bir gece,
Başında ümitsizlik rüzgârla dolaşacak.

Nâzım Hikmet cezaevine girdikten sonra, Orhan Veli'nin Garip adlı kitabının yayımlanacağı günlere doğru gidilirken, 1940'ta ise, Rıfat Ilgaz'ın şiiri şu aşamadadır:

KASABAMIZ

Martıların düşürdüğü tohumdan
Filizlendiğine inandığım kasabamız
Yosun kokardı evleri
Çarşıları midye kokardı
Çekirdeği çölden gelen mescitin
Boy attığına şaşardım
Bu deniz yüklü havada
Nedense gelişemedi bir türlü
En şirin yerine dikilen
İrili ufaklı mezar taşları

Belki de ölüler böyle istiyor.

Serbest yazma özlemini Nâzım Hikmet'in şiirlerini okuduktan sonra duyan şair, bir yandan da Garip şiirinin sesini, tonunu, şiirleştirme yöntemlerini gözlemekteydi.

Kendisini 1920'lerdeki toplumsalcı şiir anlayışının damgasını yemekten kurtarmasına bu durumun yardımcı olduğu kanısındayım. Sesi, tonu, bilinen şiirleştirme yöntemlerini bir yana itip bütünüyle dile yaslanışıyla, tam bir 1940 şairi görünümündedir...

Özetlersek: Rıfat Ilgaz ölçülü uyaklı hece şiiriyle başlamış, Nâzım Hikmet'e, yani devrimci, ilerici, halkın sorunlarını sergileyen bir şiire geçmeye özenirken, iç dış biçim oyunlarından uzak kalmaya çabalayan Garip akımını gözlemiş, 'bir sınıfın ihtiyaçlarının müdafaasını yapmak' kadar, 'zevkini aramak, bulmak, sanata onu hâkim kılmak' da kaygıları arasında yer almıştı.

Geleneksel şiirleştirme yöntemlerinden arınma çabasını onun kadar ileri götürmüş başka bir şairimiz yok, bence.

Rıfat Ilgaz şiirin yerleşik kurallarını tanımamakta, ölçü, uyak, uyum, benzetme, imge, eğretileme gibi şiirleştirme araçlarından yararlanmamakta, salt dile söyleyişe yaslanmakta, Orhan Veli'den çok daha sakınmasızdı. Konuları, anlattığı şeyler de şiirsel değildi.

SINIF'IN YAZARI KARADENİZLİ DELİKANLI
SENNUR SEZER

Rıfat Ilgaz, kısa bir tanımlamayla: Karadenizli delikanlıdır. Zeki ve alaycı. Zor durumları hep yaşamanın alaycılığıdır bu, hüzünle kahkaha yan yanadır. Bir ayağı takada, teknede, bir ayağı güç tırmanılır yamaçlarda olmanın tek dayanağıdır mizah. Gurbete dayanmanın tek yolu. 1940 Kuşağı'nın, her biri şiirimize bir başka ses getirmiş toplumcuları içinde, o 'güçlüklere şakayla direnen sesi'yle görünür. Onu bir başka sözcükle tanımlamak gerektiğinde 'sınıf' demek yeterlidir: *"SINIF'ın ozanıyım mimli / HABABAM SINIFI'nın yazarıyım ünlü"*

(...)

Sınıf yargılanırken, görüşü alınan 'bilirkişi', kitapta 'isnat edilen suçu' bulmakla yetinmemiş, 'eserin hiçbir edebiyat değeri olmadığını' da eklemiştir. Mahkeme bu görüşü 'şu halde kitap edipler için değil, üslup ve beyanın basitliği itibarıyla avam için yazdığı anlaşılıyor' diye tamamlamıştır. Edebiyat dünyamız, Rıfat Ilgaz'ı ve benzer biçimlerde yargılanıp hüküm giymiş 1940 Kuşağı'nı dışlamak için yeterli 'gerekçeli hüküm'e kavuşmuştur böylece. Okur, onu yayınladığında severek okusa, kitapları ardarda baskı yapsa da edebiyatçılarımızın bir bölümünün bakış açısı değişmeyecektir.

Onu şairliğinden soyutlayıp gülmececi olarak nitelemek kolaylarına gelecektir. Sivas'ta, acımasız koşullar altında yitirdiğimiz Asım

369

Bezirci'nin bir kitaplık incelemesi bile pek şey değiştirmez. (Asım Bezirci'nin ölüm koşulları yüzünden kimi çevrelerce değerinin anlaşılması gibi.) Sık sık çağdaşı Orhan Veli ile kıyaslayıp, etki araştırması, kişilik yıpratılması denemelerine girişilir. (Yazar ve şairlerin tokuşturulacak yumurta olmadığı akla gelmez.)

Rıfat Ilgaz 'önce' şairdir: *"Önce şiirde sevdim kavgayı / Özgürlüğü kelime kelime şiirde."* Türk romanının coğrafyasına kattığı Karadenizli kadını anlatırken de şairdir. *'Hababam Sınıfı'*ndaki Piyale İhsan'ı yererken de. Bir şairden söz ederken en zor şey, 'geçmiş zaman' takılarını kullanmaktır. Ben kullanmadım.

1940 Toplumcu Kuşağı'nın, görüşlerinden dönmemiş, son bir iki kişisinden birini yitirdik. Eğer kitaplarını, şiirlerini okumazsak gerçekten yitireceğiz. Rıfat Ilgaz'ı değil, insanlığımızı, yaşama direncimizi. (10 Temmuz 1993, Cumhuriyet)

İçindekiler

Önsöz 7

KİTAPLARDAN ÖNCESİ
Sevgilimin Mezarında 13
Rüzgâr 14
Manasını Kaybeden Sır 15
Zamanın Unuttukları 16
Mevsimlerle Beraber 17
Akış 18
Işıklar 19
Hülyalarım 20
Bir Mevsim Başlarken 21
Adımlarım 22
Eriyiş 23
Gözlerinde Akisler 24
Dağlardan 25
Kapılar 26
Düşünmek 27
Mevsim Sonu 29
Öğleüstü 30
Açlık 31
O Bahçeler ki 32
Son 33
Kasabamız 35

YARENLİK (1943)
Bu Saatte 39
Ayna Karşısında 40
Şehir Kenarından 41
Yarenlik 42
Merhamet 44
İşte Böyle Azizim 45
Vitrinler 46
Alişim 47
Cenaze 48
Edirnekapı Tramvayında 49
Babam 52
Kapalıçarşı 53
Kitaplar 54
Böyle mi Olacak Ölümüm? 55
Doğum 56
Yaz Geliyor 57

Beyazıt Kahvelerinde 58
Mahallemiz 59
Komşuluk 60
Sanatoryum 62

SINIF (1944)
Çocuklarım 65
Remzi 66
Sınıf 68
Hürsün! 70
Sünnet Düğünü 72
Vapur İskelesinde 74
Ne Diyebilirsin? 76
Yazlığa Çıkış 77
Şubeye Doğru 78
Altın Bilezik 80
Kara Dayıya Mektup 82
Çay 86
Akşamüstü 88
Ne Yapmalı? 90
Çiloğlan 92
Köprü 94
Halil Dayı 95
Besleme 97
Tosya Zelzelesi 100

YAŞADIKÇA (1948)
İçimizden Biri 107
Kahveler, Gazeteler 108
Mıstabey 109
Senin Neyin Eksik? 113
Sarıçizmeli 114
Biz Taşra Memurları 115
Geç, Azizim, Geç! 119
Bizim Kasabamız 121
Biraz Daha Sabır! 123
Sanatoryumda 124
Gece Nöbeti 127
Burunsuzun Oğlu 128
Doğum Koğuşundan Çıkış 129
Kuş Misali 131
Oğlum 133
Uyusun da Büyüsün 141
Parmaklığın Ötesinden 142
Ziyaret Günü Notları 147
Ayrılık Var Bir Yandan 151
İçelim! 153
Bu da Bir Özgürlük Şiiri 155

DEVAM (1953)
Bilsem ki 159
Dışarda 160
Şiirde 161

Aman Dikkat! 162
Uyusana! 163
Taş mı Yesin! 164
Yaşıyoruz 165
Filim 166
Mangal 178
Heybeli 186
Sarı Kâğıt Üstüne 187
Sahipsiz 188
Derece Zamanı 189
Kara Taş Üstüne 190

ÜSKÜDAR'DA SABAH OLDU (1954)
Kalaycı Dükkânına Giriş 193
Yusuf'a Öğüt 194
Karabiber'in Eski Günleri 196
Karabiber İstanbul Yollarında 200
Karabiber Müzeyi Anlatıyor 203
Müzeden Kurtuluş 204
Bir Estetik Ameliyat 207
Karşısına Bir Açıkgöz Çıkıyor 212
Karabiber İş Başında 216
Karabiber Keten Helvacı 219
Yusuf Karabiber'le Karşılaşıyor 222
Üsküdar'da Sabah Oldu 223
Son 224

SOLUK SOLUĞA (1962)
Bu Merdivenlerden 227
Korkak 228
Denge-Düzen 229
Sarıyı Anlatıyorum 233
Kendimizi Anlatıyorum 234
Leylaklarını Anlatıyorum 235
Gidişini Anlatıyorum 236
Yalnızlığımı Anlatıyorum 237
İsteklerimi Anlatıyorum 238
Gidenleri Anlatıyorum 239
Utancımı Anlatıyorum 240

KARAKILÇIK (1969)
Karakılçık 243
Körüz Biz 244
Aydın mısın 245
Gökdelen 246
Meryemin Reşit 247
Gençlik Parkı 249
Uzak Değil 251

UZAK DEĞİL (1970)
Bir Kozada 255
Karadenizli'sin 256
Defneler Gibi 258

GÜVERCİNİM UYUR MU (1974)
Güvercinim Uyur mu? 261
Güneşten Uzak 263
Elif'in Babası 266
Çengelköy'de Temmuzlar 268
Karton Kulelerden 270
Sularda Güneş Olmak 272
Biz Dar Geçit Bekçileri 274
Bir Sınavsa Eğer 276

KULAĞIMIZ KİRİŞTE (1983)
Kulağımız Kirişte 279
Barok Sarısı 281
Talimlerimiz 283
Sarıyazmalı 286
Bunca Yüzyıldır 288
Sen Bu Çerçevede 290
Yakınmıyoruz 293
Kaç Para Eder 296
Yedicanlı Olmak 297
Bomboşsan 299
Kısalar, Köseler 300
Defneler Ölmez 302
Uçurtma 305
Çember 306
Evcilik 307
Benim Güzel Yavrum 308
Ne Kuş, Ne Böcek 309
Ormanız Biz 311
Bilmeyecekler 312

OCAK KATIRI ALAGÖZ (1987)
Dört Mevsim 315
Ocak Katırı Alagöz 316
Dost Hipokrat 318
Ah Onlar 320
Çocuklarınız İçin 322
Durmak Yok 324
Okutma Üzerine 326
Türkçe'miz 327
Okullar Dinlencede 328
Her Dilde 329
Hep Böyle 330
Öğünsek mi? 331
Kardeşlik 332
Selinti 333
Saltanat 334
Son Şiirim 335

BİZ DE YAŞADIK 337
ŞİİR ANLAYIŞIM 347
GÖRÜŞLER 349
ÖLÜMÜ ARDINDAN 359

RIFAT ILGAZ'IN YAPITLARI

ŞİİR
Yarenlik
Sınıf
Yaşadıkça
Devam
Üsküdar'da Sabah Oldu
Soluk Soluğa-Karakılçık-Uzak Değil
Güvercinim Uyur mu
Kulağımız Kirişte
Ocak Katırı Alagöz
Bütün Şiirleri (1927-1991)

ROMAN
Sarı Yazma
Karartma Geceleri
Karadeniz'in Kıyıcığında
Yıldız Karayel
Halime Kaptan
Hababam Sınıfı
Hababam Sınıfı İcraatın İçinde
Apartıman Çocukları
Pijamalılar (Bizim Koğuş)
Geçmişe Mazi
    (Meşrutiyet Kıraathanesi)
Hoca Nasrettin ve Çömezleri

ANI
Yokuş Yukarı
Kırk Yıl Önce Kırk Yıl Sonra

GÜNCEL
Nerde Kalmıştık
Cart Curt

ÖYKÜ
Rüşvetin Alamancası
Nerde O Eski Usturalar
Çalış Osman Çiftlik Senin
Sosyal Kadınlar Partisi
Don Kişot İstanbul'da
Şeker Kutusu
Garibin Horozu
Radarın Anahtarı
Dördüncü Bölük

OYUN
Hababam Sınıfı Uyanıyor
Hababam Sınıfı Baskında
Hababam Sınıfı Sınıfta Kaldı

ÇOCUK
Öksüz Civciv
Küçükçekmece Okyanusu
Cankurtaran Yılmaz
Kumdan Betona
Çocuk Bahçesi
Bacaksız Kamyon Sürücüsü
Bacaksız Sigara Kaçakçısı
Bacaksız Paralı Atlet
Bacaksız Okulda
Bacaksız Tatil Köyünde